Weihnachten 1990

MECHTHILD SCHULZE-DÖRRLAMM

DER MAINZER SCHATZ DER KAISERIN AGNES AUS DEM MITTLEREN 11. JAHRHUNDERT

PUBLIKATIONEN ZUR AUSSTELLUNG
»DIE SALIER UND IHR REICH«
VERANSTALTET VOM LAND RHEINLAND-PFALZ
IN SPEYER 1991

RÖMISCH-GERMANISCHES ZENTRALMUSEUM
FORSCHUNGSINSTITUT FÜR VOR- UND FRÜHGESCHICHTE

MONOGRAPHIEN

BAND 24

JAN THORBECKE VERLAG SIGMARINGEN
1991

RÖMISCH-GERMANISCHES ZENTRALMUSEUM
FORSCHUNGSINSTITUT FÜR VOR- UND FRÜHGESCHICHTE

IN VERBINDUNG MIT DEN

STAATLICHEN MUSEEN ZU BERLIN
KUNSTGEWERBEMUSEUM

MECHTHILD SCHULZE-DÖRRLAMM

DER MAINZER SCHATZ DER KAISERIN AGNES AUS DEM MITTLEREN 11. JAHRHUNDERT

NEUE UNTERSUCHUNGEN ZUM SOGENANNTEN »GISELA-SCHMUCK«

JAN THORBECKE VERLAG SIGMARINGEN
1991

Publikationen zur Ausstellung
»Die Salier und ihr Reich«
veranstaltet vom Land Rheinland-Pfalz
in Speyer 1991

gefördert durch die
KulturStiftung der Länder
aus Mitteln des
Bundesministers des Innern

CIP-Titelaufnahme der Deutschen Bibliothek

Ausstellung Die Salier und ihr Reich ⟨1991, Speyer⟩: Publikationen zur Ausstellung »Die Salier und ihr Reich« / veranst. vom Land Rheinland-Pfalz in Speyer 1991. – Sigmaringen: Thorbecke.
NE: Rheinland-Pfalz

Der *Mainzer Schatz der Kaiserin Agnes aus dem mittleren 11. Jahrhundert:* neue Untersuchungen zum sogenannten »Gisela-Schmuck« / Römisch-Germanisches Zentralmuseum, Forschungsinstitut für Vor- und Frühgeschichte in Verbindung mit den Staatlichen Museen zu Berlin, Kunstgewerbemuseum. Mechthild Schulze-Dörrlamm. – Sigmaringen: Thorbecke, 1991
(Publikationen zur Ausstellung »Die Salier und ihr Reich«)
(Monographien / Römisch-Germanisches Zentralmuseum, Forschungsinstitut für Vor- und Frühgeschichte; Bd. 24)
ISBN 3-7995-4137-3

NE: Schulze-Dörrlamm, Mechthild; Römisch-Germanisches Zentralmuseum ⟨Mainz⟩: Monographien

Der Mainzer Schatz der Kaiserin Agnes aus dem mittleren 11. Jahrhundert. – 1991

Dieses Buch ist aus säurefreiem und alterungsbeständigem Papier hergestellt.

Gesamtherstellung: M. Liehners Hofbuchdruckerei GmbH & Co. Verlagsanstalt, Sigmaringen
Printed in Germany · ISBN 3-7995-4137-3

INHALTSVERZEICHNIS

VORWORT

Die Vorbereitungen für die Speyerer Ausstellung über die Salierzeit waren für mich der Anlaß zu einer intensiven Beschäftigung mit der hochmittelalterlichen Goldschmiedekunst, insbesondere mit einem 1880 in der Stadt Mainz entdeckten Goldschatz aus 25 Schmuckstücken, deren Alter in der Wissenschaft umstritten ist. Während man sie früher der Salierkaiserin Gisela zuschrieb, gelten sie heute – zumindest teilweise – als Arbeiten der ottonischen Zeit. Da die Anwendung von archäologischen Datierungsmethoden jedoch zu ganz neuen Ergebnissen führte, sollen diese in einem wissenschaftlichen Begleitbuch zur Salierausstellung erstmals einer breiteren Öffentlichkeit vorgestellt werden.

Möglich wurde die Neubearbeitung des Mainzer Schatzes nur durch die großzügige Unterstützung der Direktoren und Mitarbeiter jener deutschen Museen, in denen die Fundstücke heute aufbewahrt werden. Bedanken möchte ich mich vor allem beim Generaldirektor der Staatlichen Museen zu Berlin, Herrn Prof. Dr. G. Schade, bei Herrn Dr. N. Göres, dem Direktor des Kunstgewerbemuseums Schloß Köpenick in Ostberlin und bei Herrn Prof. Dr. D. Kötzsche vom Kunstgewerbemuseum der Staatlichen Museen Preußischer Kulturbesitz in Westberlin, die mir nicht nur das Studium der Originalfunde erlaubten, sondern auch die Anfertigung neuer Fotos gestatteten, sowie bei Herrn Hauptkustos Dr. W. Selzer, der mir die im Besitz des Landesmuseums Mainz befindlichen Stücke bereitwillig zugänglich machte.

Meinen herzlichen Dank möchte ich Frau Dipl. phil. E. Mühlbächer vom Kunstgewerbemuseum Berlin-Köpenick für die liebenswürdige Betreuung während der Fotoaufnahmen aussprechen, aber auch Freiherrn L. C. von Heyl, Heidelberg, für seine Suche nach dem Verbleib der gefälschten Adler-Pfauenfibel und nicht zuletzt den Damen und Herren der Mainzer Stadtbibliothek für ihre tatkräftige Unterstützung bei der Beschaffung auswärtiger Fachliteratur.

Vielfältige Hilfe habe ich von meinen Kollegen und Kolleginnen am Römisch-Germanischen Zentralmuseum in Mainz erfahren. Herrn D. Riemann, der die in Berlin befindlichen Schmuckstücke des Mainzer Schatzes fotografierte, möchte ich an dieser Stelle ebenso danken wie Frau I. Schwarz, die für das Buch einige andere Fotos herstellte, Frau J. Ribbeck für die Anfertigung der Strichzeichnungen sowie Frau M. Fecht und Herrn Dr. H. Grafen für manchen nützlichen Hinweis.

Ein herzliches Dankeschön gilt nicht zuletzt meinem Mann, der durch Aufmunterung und Kritik viel zum Gelingen des Buches beigetragen hat.

Mainz, im Juni 1989

Mechthild Schulze-Dörrlamm

EINLEITUNG

Wenige archäologische Funde aus Deutschland genießen eine so große Popularität wie jenes Ensemble aus 25 goldenen Schmuckstücken, das 1880 in Mainz entdeckt und 1913 durch O. von Falke als »Schatz der Kaiserin Gisela« publiziert worden ist. Die seit langem an dessen Deutung und Datierung geübte Kritik hat dagegen in der breiten Öffentlichkeit noch kein spürbares Echo gefunden.

In den rund 100 Jahren, die seit der Auffindung des Schatzes vergangen sind, wurden so viele neue archäologische Entdeckungen gemacht, daß es gleichwohl an der Zeit ist, alle bisher veröffentlichten Thesen und Antithesen einmal zu überprüfen und eine Neubewertung des spektakulären Fundes zu versuchen.

Gewiß haben die Mainzer Juwelen, deren Entdeckung seinerzeit als wahre Sensation empfunden wurde, inzwischen durch weitere vergleichbare Funde den Charakter des Singulären verloren. Dennoch gehören sie innerhalb des breiten Spektrums an bronzenem, silbernem und goldenem Schmuck der Ottonen- und Salierzeit noch immer zum Qualitätvollsten dessen, was uns erhalten geblieben ist.

Generell beruhen unsere Kenntnisse über die Schmuckformen des hohen Mittelalters auf sehr unterschiedlichen und zumeist lückenhaften Quellen. Neben wenigen Darstellungen in Miniaturen, auf Wandgemälden und Skulpturen gehören dazu vereinzelte Beigaben aus Gräbern von Königen, Bischöfen und der einfachen Bevölkerung, vor allem von Frauen. Da aber die Grabbeigabensitte im 11. Jahrhundert nur noch ausnahmsweise geübt wurde, sind solche Grabfunde natürlich selten. Die meisten Originale stammen vielmehr aus Schätzen, die bei Gefahr von ihren Eigentümern versteckt und danach nicht mehr geborgen worden sind. Einige gingen auch unbemerkt verloren und kommen heute bei Ausgrabungen in mittelalterlichen Burgen und Städten zufällig wieder zutage.

Im Laufe des Mittelalters hat sich die kulturgeschichtliche Bedeutung des Schmucks stark verändert. Noch in der Merowingerzeit war er ein notwendiger und charakteristischer Bestandteil der Tracht, der die Stammeszugehörigkeit – auch der vornehmen Männer und Frauen – meist auf den ersten Blick erkennen ließ. Zu Beginn des 11. Jahrhunderts traten jedoch die Stammesunterschiede in der Bevölkerung des Deutschen Reiches äußerlich nicht mehr so deutlich zutage. Deshalb kann man an der Tracht der wohlhabenden Leute – sofern diese in den bronzenen und silbernen Schmuckstücken überhaupt faßbar wird – nur noch erkennen, ob jemand im Norden, Süden oder im Osten des Reiches beheimatet war. Hingegen zeigte der Goldschmuck des Adels aufgrund starker kultureller Einflüsse aus Byzanz schon fast keine landschaftliche Bindung mehr, sondern »internationalen« Zuschnitt. Immerhin blieb er weiterhin Indikator der sozialen Unterschiede und ein augenfälliger Beweis für die hervorragende gesellschaftliche Stellung dessen, der ihn trug. Daß der Goldschmuck darüber hinaus ein anschauliches Zeugnis für die Vielseitigkeit und die große Meisterschaft italienischer und deutscher Goldschmiede des Hochmittelalters ist, bedarf eigentlich keiner besonderen Erwähnung.

Taf. 1 Auswahl von Schmuckstücken aus dem Mainzer Schatz der Kaiserin Agnes. – Kunstgewerbemuseum Berlin, Schloß Köpenick.

1

2

3

4

Taf. 2 1 Goldener Halbmondohrring aus dem kleinen Schatzfund im Hof der Mainzer Stadionerhof-Kaserne, gefunden 1904, Br. 3,5 cm. – Landesmuseum Mainz. – 2 Emaillierte Lunula vom Godehard-Schrein, Lg. 3,5 cm. – Diözesanmuseum Hildesheim. – 3 Bildnis der Kaiserin Agnes im Evangeliar Kaiser Heinrichs III. von Goslar. – Universitätsbibliothek Uppsala cod. Ups. C 93. – 4 Bildnis der Kaiserin Agnes im Codex Aureus von Speyer.
Escorial, Cod. Vitrinas 17. Fotografia cedida y autorizada por el Patrimonio Nacional.

1

2

Taf. 3 1 Bildnis Kaiser Konrads II. im Evangeliar Heinrichs III. von Speyer. Escorial, Cod. Vitrinas 17. Fotografia cedida y autorizada por el Patrimonio Nacional. – 2 Detail der Schauseite vom Tragaltar der Gräfin Gertrud aus dem Welfenschatz. Cleveland Museum of Art, Gift of the John Huntington Art and Polytechnic Trust, 31.462.

1

2

Taf. 4 1 Die »Towneley Brooch«. – British Museum London. – 2 Goldene Buckelfibel mit Trommelkranz aus Hasselt. – Brüssel, Musées Royaux d'Art et d'Histoire. – M =3:2.

Taf. 5 Auf-, Seiten- und Unteransicht der zwei goldenen Sternfibeln vom Westchor des Mainzer Domes aus dem ersten Viertel des 11. Jahrhunderts. – Hessisches Landesmuseum Darmstadt. – M = 1:1.

1

2

Taf. 6 1 Bildnis der Ecclesia als Braut Christi in einer Reichenauer Sammelhandschrift des späten 10. Jahrhunderts. – Staatsbibliothek Bamberg. – 2 Bildnis der thronenden Ecclesia im Sakramentar von Petershausen, um 980. – Universitätsbibliothek Heidelberg.

DIE FUND- UND FORSCHUNGSGESCHICHTE

Zu den herausragenden Epochen des hohen Mittelalters in Deutschland gehört ohne Zweifel die Salierzeit, die von 1024 bis 1125 dauerte. Sie hat in der Stadt Mainz – damals Sitz des Erzkanzlers und »heimliche Hauptstadt« des Deutschen Reiches – wahrhaft goldene Spuren hinterlassen. An drei verschiedenen Plätzen kamen Schatzfunde des 11. Jahrhunderts zutage, so viele wie in keiner anderen Stadt Deutschlands. Der umfangreichste und bedeutendste von ihnen, der sogenannte »Giselaschatz«, ragt nicht nur wegen seiner Qualität aus diesen hervor. Er wurde auch als erster gefunden und erfuhr überdies ein besonders wechselhaftes Schicksal.

Im Frühjahr des Jahres 1880 entdeckten Arbeiter bei Anlage einer Kanalisation in der Kellernische eines alten Hauses unter der Stadthausstraße/Ecke Schusterstraße (Abb. 1,1), also vor dem Südeingang des heutigen Kaufhofes, einen Schatz aus insgesamt 25 goldenen Schmuckstücken. Von diesen wurde als erste die große »Adlerfibel« an einen Goldschmied verkauft, von dem es kurz darauf das damalige Altertumsmuseum der Stadt Mainz erwarb [1]. Die übrigen Teile des Schatzes, von den Arbeitern zunächst verheimlicht, gelangten nach Jahresfrist in die Privatsammlung von Cohausens nach Wiesbaden und später in die Sammlung des Generals Max von Heyl (1844–1925) nach Darmstadt. Patriotisch gesinnte Männer kauften die Funde schließlich auf und schenkten sie 1912 Kaiser Wilhelm II., der sie dem Deutschen Museum in Berlin überließ [2]. Nach dem Zweiten Weltkrieg galten die Schmuckstücke zunächst als verschollen, bis sie 1958 von der Sowjetunion an die DDR zurückgegeben wurden [3]. Mit Ausnahme einiger Fingerringe, von denen vier verlorengingen, einer als Leihgabe für eine Sonderausstellung 1939 von den übrigen getrennt wurde und daher heute unversehrt im Westberliner Kunstgewerbemuseum aufbewahrt wird [4], befindet sich der Schatz (Taf. 1) im Kunstgewerbemuseum auf Schloß Köpenick in Ostberlin. Durch Brandeinwirkung bei Kriegsende sind die meisten dieser Schmuckstücke beschädigt worden. Ein Ohrring und einige Edelsteine wurden nahezu völlig zerstört, fast alle Perlen verkohlten, und die Mehrzahl der antiken Gemmen verlor oder änderte die Farbe.

Ein zweiter, kleiner Schatzfund kam 1904 bei Grabungen im Bereich der ehemaligen Stadionerhof-Kaserne, also unter dem heutigen Kaufhof-Parkhaus, etwa 70 m von der Fundstelle des 1880 entdeckten Mainzer Hortes, zutage (Abb. 1,2) [5]. In einer Tiefe von ca. 4 m stieß man auf eine Erdschicht, in der unter anderem zwei Pingsdorfer Kugeltöpfe, eine byzantinische Goldmünze des Kaisers Romanos III. Argyros (1028–1034) und ein mit Edelsteinen verzierter Halbmondohrring aus Gold lagen [6]. Diese Fundstücke werden seither im Landesmuseum Mainz aufbewahrt (Abb. 4) [7].

1 W. Velk, Eine emaillierte Goldfibel aus dem 11. Jahrhundert. Zeitschr. Mainzer Altertumsver. 3, 1868–1887, 129 ff. – F. Schneider, Mainz. Bonner Jahrb. 69, 1880, 116 ff. – Ch. de Linas, Émaillerie, métallurgie, toreutique, céramique (1881) 128 f.

2 O. von Falke, Der Mainzer Goldschmuck der Kaiserin Gisela (1913) 1.

3 K. Flügel-Lindenlaub, Der Mainzer Goldschmuck, genannt »Gisela-Schmuck«. In: Metall im Kunsthandwerk. Kat. Berlin (1967) 57 ff. – Dies., Zur Geschichte des Gisela-Schmuckes. Neue Museumskunde 13, 1970, 47 ff. – G. Gruschke-Eichendorff, Die Restaurierung des Gisela-Schmuckes. Neue Museumskunde 13, 1970, 123 ff. – Weltschätze der Kunst – der Menschheit bewahrt. Kat. Berlin (1985) 126 ff. Nr. 74–86.

4 H. Schlunk, Kunst der Spätantike und des Mittelmeerraumes. Kat. Berlin (1939) Taf. 6,38. – P. E. Schramm u. F. Mütherich, Denkmale der deutschen Könige und Kaiser (2. Aufl. 1981) 486 Nr. 144.

5 Angesichts der detaillierten Fundbeschreibung ist die Angabe O. von Falkes, daß der zweite Fund am gleichen Ort wie der große Schatz von 1880 zutage gekommen sei (von Falke [Anm. 2] 26. – Vgl. auch K. Flügel-Lindenlaub, Neue Museumskunde 13, 1970, 48), offensichtlich falsch.

6 L. Lindenschmit, Westdeutsche Zeitschr. 23, 1904, 353 f. Taf. 7,1. – von Falke (Anm. 2) 26. – M. Rosenberg, Geschichte der Goldschmiedekunst auf technischer Grundlage. Granulation (1918) 142 Abb. 252–253.

7 W. Selzer, Die Mittelalter-Abteilung. Führer durch das Mittelrheinische Landesmuseum Mainz (1980) 63 f. Abb. 73.

Abb. 1 Die Fundstellen von drei Schatzfunden des 11. Jahrhunderts in Mainz. – 1 Schatz der Kaiserin Agnes, 1880. – 2 Schatzfund, 1904. – 3 Schatzfund, 1896 (Kartengrundlage: Plan der Stadt Mainz vom September 1894).

Um einen dritten Schatzfund handelt es sich vermutlich bei den zwei goldenen, mit Perlen und Edelsteinen verzierten Sternfibeln, die Bauarbeiter 1896 im lockeren und mit Brandschutt versetzten Erdreich eines Kellers im Nordwesten des Mainzer Dom-Westchores (Abb. 1,3) entdeckten[8]. Das Fibelpaar, heute Eigentum des Hessischen Landesmuseums Darmstadt, kommt also nicht aus dem Bereich des benachbarten hochmittelalterlichen Friedhofes südlich des Dom-Westchores, an den noch der Name »Leichhof« erinnert[9].
Eine weitere goldene Sternfibel aus Mainz, die angeblich unter dem Dom gefunden wurde, stammt aus dem frühen 13. Jahrhundert[10] und gehört somit nicht mehr in den Umkreis des salierzeitlichen Schmuckes, dem diese Untersuchung gilt.
Die erste umfassende wissenschaftliche Bearbeitung des großen Schatzfundes von 1880 – unter Einbeziehung der beiden kleineren – legte Otto von Falke im Jahre 1913 vor[11]. Seine Ausführungen wurden jahrzehntelang voll anerkannt und haben noch heute als Dokumentation der inzwischen beschädigten oder verlorenen Funde bleibenden Wert. Aus stilistischen Gründen gliederte O. von Falke die 25 Schmuckstücke des Hortfundes in zwei Gruppen, hielt diese aber angesichts zahlreicher Gemeinsamkeiten dennoch für zeitgleich. Er stellte fest, daß einige Juwelen der ersten Gruppe in sehr enger Beziehung zu den Platten und zum Kreuz der deutschen Kaiserkrone stehen (vgl. Abb. 85). Da diese einen Bügel mit der Namensinschrift des 1027 in Rom gekrönten Salierkaisers Konrad II. trägt[12], datierte er die Mainzer Funde in die gleiche Zeit. Juwelenkragen, Brustbehang und Adlerfibeln deutete er als Herrschaftszeichen, so daß für ihn nur Kaiserin Gisela, die Gemahlin Konrads II., als Eigentümerin der Juwelen in Betracht kommen konnte. O. von Falke vermutete, daß sowohl ihr Geschmeide als auch die Krone etwa um 1025 für die Kaiserkrönung des Herrscherpaares in Rom (1027) angefertigt worden seien und daß es sich bei den Mainzer Schmuckstücken der ersten Gruppe um »Krönungsschmuck« handele.
Die Beweisführung O. von Falkes wirkte zunächst so überzeugend, daß der »Gisela-Schmuck« sehr schnell zu einem volkstümlichen Begriff wurde, der seither auch durch gegenteilige Argumente nicht anzutasten war. Insofern hatte bis heute der Umstand nahezu keine Breitenwirkung, daß bereits zu Beginn der fünfziger Jahre heftige Kritik von seiten der Wissenschaft an dieser ganz auf Kaiserin Gisela ausgerichteten Interpretation des Mainzer Schatzes einsetzte. Deren Ausgangspunkt waren neue Untersuchungen zum Alter der deutschen Kaiserkrone. Die von F. Sprater schon 1942 geäußerte Vermutung, daß es sich bei dem Kronreif um die Kaiserkrone Ottos I. aus dem Jahre 962 handeln könnte, versuchte der Historiker H. Decker-Hauff 1955 durch eine entsprechende Deutung der Kronensymbolik zu bestätigen[13]. Aus der Befestigungsweise von Kreuz und Kronenbügel hatte bereits der Kunsthistoriker H. Fillitz 1953 den Schluß gezogen, daß der Kronenbügel Konrads II. erst nachträglich auf die seiner Meinung nach in ottonischer Zeit entstandene Plattenkrone (vgl. Abb. 85) aufgesetzt worden sei[14]. Dieses Zusammenwirken beider Forscher führte schließlich dazu, daß nun alle jene Teile des Mainzer Schatzfundes, die stilistisch eng mit den Kronenplatten und dem Kronenkreuz verbunden sind, automatisch in das späte 10. Jahrhundert vordatiert wurden. H. Decker-Hauff schlug daher vor, den

8 F. Schneider, Mittelalterliche Goldfibeln, ein Fund aus dem Boden von Mainz. Jahrb. Preuß. Kunstsammlungen 18, 1897, 170ff. – von Falke (Anm. 2) 28 Abb. 23–24. – H. Kohlhausen, Europäisches Kunsthandwerk (1969) Abb. 33. – A. von Knorre, in: 1000 Jahre Mainzer Dom. Kat. Mainz (1975) Abb. 2. – C. B. Heller, J. Schneider u. W. Dennert, Bruckmann's Handbuch des Schmucks (1977) 31 Abb. 8.

9 L. Falck, Mainz im frühen und hohen Mittelalter. Geschichte der Stadt Mainz 2 (1972) 98 Kartenskizze.

10 E. Steingräber, Alter Schmuck (1956) 29 Abb. 22. – Die Zeit der Staufer 1–2. Kat. Stuttgart (1977) 480 Nr. 606 Abb. 423. – K. Hoffmann (Hg.), The year 1200. Kat. New York (1970) Nr. 123.

11 von Falke (Anm. 2).

12 von Falke (Anm. 2) 20 Abb. 17. – H. Fillitz, Die Schatzkammer in Wien (1986) 165f. Taf. 1–5.

13 F. Sprater, Die Reichskleinodien in der Pfalz (1942) 23. – H. Decker-Hauff, Die »Reichskrone«, angefertigt für Kaiser Otto I. In: P. E. Schramm, Herrschaftszeichen und Staatssymbolik 2 (1955) 560ff.

14 H. Fillitz, Studien zur römischen Reichskrone. Jahrb. Kunsthist. Sammlungen Wien 50, 1953, 42. – Ders., Katalog der weltlichen und geistlichen Schatzkammer (1954) 50ff. – Ders., Die Insignien und Kleinodien des Heiligen Römischen Reiches (1954) 16ff.

anscheinend in ottonischer und salischer Zeit zusammengetragenen Schatz nicht mehr »Gisela-Schmuck«, sondern fortan nur noch als »Mainzer Hort der Kaiserinnen« zu bezeichnen[15]. In allen Veröffentlichungen, die seitdem über hochmittelalterlichen Schmuck erschienen sind, wurde die These, daß die ältesten Mainzer Schmuckstücke ottonisch seien, stets wiederholt[16], ohne daß sie jemals überprüft oder gar bewiesen worden wäre. Dies gilt erst recht für die Vermutung, daß einige byzantinisch aussehende Juwelen der Kaiserin Theophanu († 991) gehört haben könnten[17].

Da sich durch die große Zahl neuer archäologischer Vergleichsfunde heute ausreichend viele Möglichkeiten zu einer präzisen Datierung ergeben, sollen hier die Fragen nach Alter und Entstehungsort der Schmuckstücke sowie danach, wem sie gehörten, wann und warum sie versteckt, aber nicht mehr geborgen wurden, erneut und ohne Vorbehalt untersucht werden.

15 Decker-Hauff (Anm. 13) 574.

16 Steingräber (Anm. 16) 26. – Schramm u. Mütherich (Anm. 4) 168f. Nr. 144. – K. Flügel-Lindenlaub, Zur Geschichte des Gisela-Schmuckes. Neue Museumskunde 13, 1970, 50. – H. Wolfram, Überlegungen zur Datierung der Wiener Reichskrone. Mitt. Inst. Österr. Geschichtsforsch. 78, 1970, 89. – G. Bott, Ullstein Juwelenbuch (1972) 48. – H. Westermann-Angerhausen, Ein ottonisches Schmuckstück aus dem Rheinland in Schleswig. Beitr. Schleswiger Stadtgesch. 22, 1977, 10ff. – Dies., Die Mindener Goldfibel. In: Ausgrabungen in Minden. Kat. Minden (1987) 186. – K. Flügel, Schatzkunst des Mittelalters (1985) 7f.

17 V. H. Elbern, Ottonische Bildnerei in edlen Materialien. In: E. Kubach u. V. H. Elbern, Das frühmittelalterliche Imperium (1968) 220. – Ders., Goldschmiedekunst im frühen Mittelalter (1988) 104.

DIE SCHMUCKSTÜCKE DES SCHATZFUNDES

Der im Jahre 1880 entdeckte Mainzer Goldschatz besteht aus neun Fingerringen, acht Fibeln, vier Ohrringen, zwei Stecknadeln, einem Brustbehang und einem Juwelenkragen. Diese Fundstücke werden hier in einer ganz anderen Reihenfolge abgehandelt als jene, die O. von Falke einst wählte. Von allen Schmuckstücken lassen sich nämlich die Ohrringe (Abb. 2) am besten in eine typologische Entwicklungsreihe einordnen (Abb. 3,8–9) und recht genau datieren. Deshalb sollen sie am Anfang dieser Untersuchung stehen.

Ohrringe

Die zwei Halbmond-Ohrringpaare aus dem Schatzfund von 1880 (Kat. Nr. 1–4) und das erst 1904 an anderer Stelle aufgefundene Exemplar (Abb. 4) gehören trotz mancher Unterschiede in Details dem gleichen Typ an. Sie alle zeichnen sich durch eine relativ dicke Mondsichel mit rundem oder dreieckigem Einsatz und durch stark nach innen einziehende Spitzen aus, die entweder in Drahtkugeln oder dicken Halbkugeln aus Goldblech enden. In die an die Spitzen angelöteten Ringösen ist der Tragbügel lose eingehakt. Die größten Unterschiede bestehen darin, daß drei der Mainzer Ohrringe nur eine Schauseite mit Edelsteinschmuck haben, zwei jedoch auf der Vorder- und Rückseite gleichermaßen reich geschmückt sind.

Das nur auf der Schauseite verzierte Ohrringpaar (Kat. Nr. 1–2, Taf. 7,1–2; Abb. 2,1–2) wurde seinerzeit von O. von Falke zum Krönungsschmuck der Kaiserin Gisela gerechnet, weil ihre Almandine von dreifingerigen Krallen gehalten werden, die für die Edelsteinfassungen auf den Platten und dem Kreuz der Kaiserkrone charakteristisch sind. Daß es sich bei diesen Ohrringen keinesfalls um Arbeiten aus ottonischer Zeit handeln kann, wie inzwischen gelegentlich behauptet wurde[18], zeigt ein Vergleich mit Halbmondohrringen der zweiten Hälfte des 10. Jahrhunderts, wie etwa denen (Abb. 3,5) aus der Zeit des byzantinischen Kaisers Johannes Tzimisces (969–976)[19] oder jenen aus den münzdatierten Schatzfunden von Kreta (Abb. 5,1) und Preslav (Abb. 5,2–3)[20] und schließlich den auf der Kasel des hl. Albuin (975–1006) dargestellten Exemplaren[21]. Diese byzantinischen Ohrringe weisen oft schon einen scheibenförmigen Einsatz auf, besitzen aber noch eine ganz schmale, weit geöffnete Mondsichel mit einem an einer Seite festsitzenden Tragbügel. Gegen eine Datierung in ottonische Zeit sprechen vor allem die stark nach innen einziehenden Sichelspitzen der Mainzer Ohrringe. Diese kommen weder bei den byzantinischen Ohrringen des 10. Jahrhunderts (Abb. 3,4–5) noch bei den aus Bronze gegossenen, oft emaillierten Halbmondohrringen des Südostalpenraumes aus den Frauengräbern der Stufe Köttlach II vor (Abb. 3,2–3), die nach J. Giesler in die zweite Hälfte des 10. und die ersten 30 bis maximal 50 Jahre des

18 P. E. Schramm u. F. Mütherich, Denkmale der deutschen Könige und Kaiser (1962) 168 f. – H. Westermann-Angerhausen, Ein ottonisches Schmuckstück aus dem Rheinland in Schleswig. Beitr. Schleswiger Stadtgesch. 22, 1977, 18. – J. Wolters, Die Granulation (1983) Abb. 249.

19 H. Schlunk, Eine Gruppe datierbarer byzantinischer Ohrringe. Ber. Berliner Museen 61, 1940, 42 ff. Abb. 4; 6.

20 Kreta: E. Coche de la Ferté, Collection H. Stathatos. Objets byzantins et post-byzantins (1957) Taf. 2–3. – Preslav: A. Ančev, La Bulgarie médiévale. Kat. Paris (1980) Abb. 163. – T. Totev, Der Schatz von Preslav. Izvestija Narodn. Mus. Varna 22, 1986, Taf. 13–15.

21 R. Grönwoldt, Ein byzantinisches Seidengewebe im Kestner Museum. Niederdt. Beitr. Kunstgesch. 2, 1962, 265 Abb. 191. – Dies., Miszellen zur Textilkunst der Stauferzeit. In: Die Zeit der Staufer 5 (1979) 394 Abb. 248.

1a
2a
1b
2b
3a
4a
4b

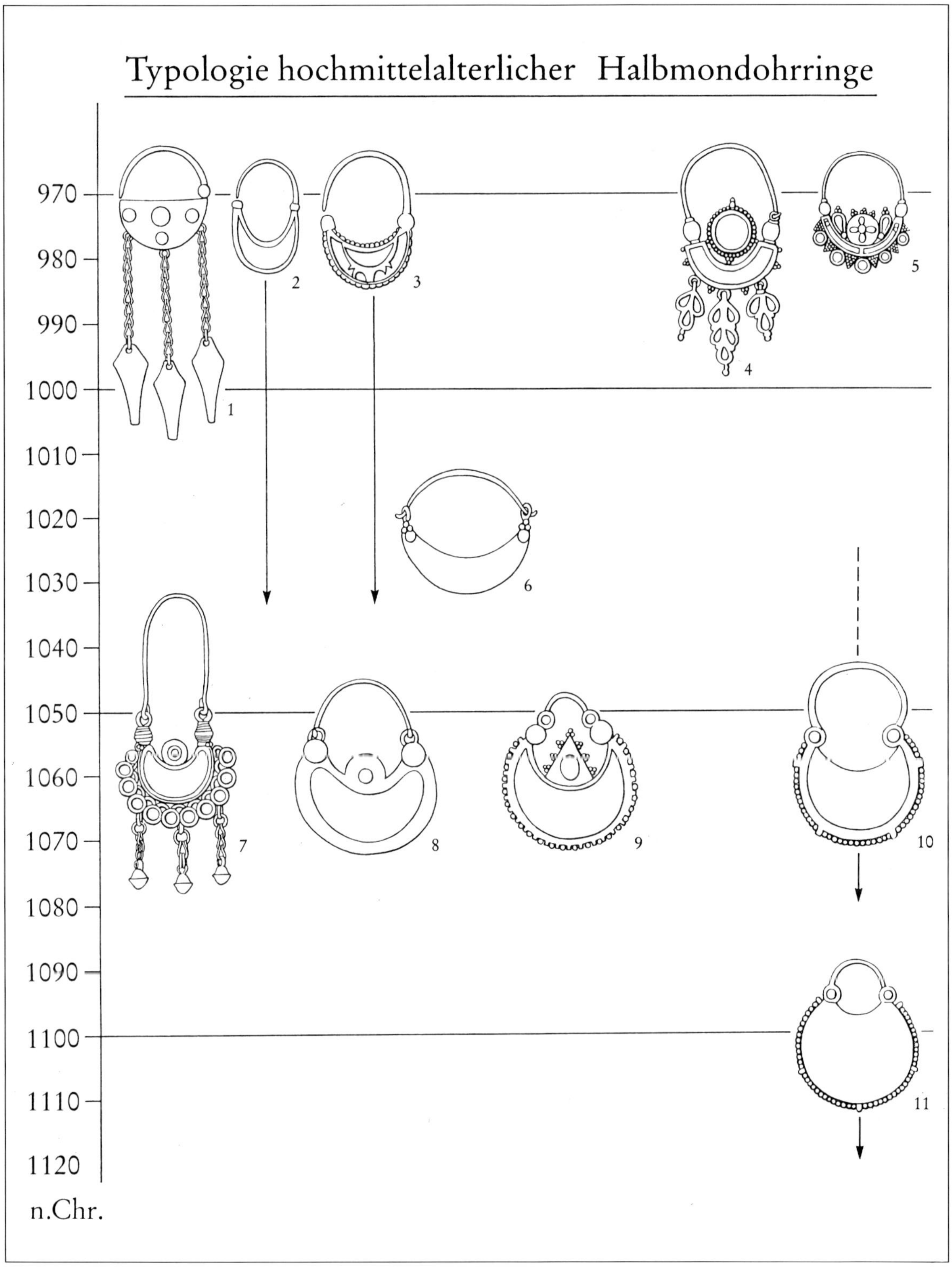

Abb. 3 Typologie hochmittelalterlicher Halbmondohrringe.

◁ Abb. 2 1–2 Vorder- und Rückseiten von einem Halbmondohrring-Paar aus Mainz (Kat. Nr. 1–2). – 3–4 Vorder- und Rückseiten von einem Halbmondohrring-Paar aus Mainz (Kat. Nr. 3–4), Kunstgewerbemuseum Berlin, Schloß Köpenick. – M = 1:1.

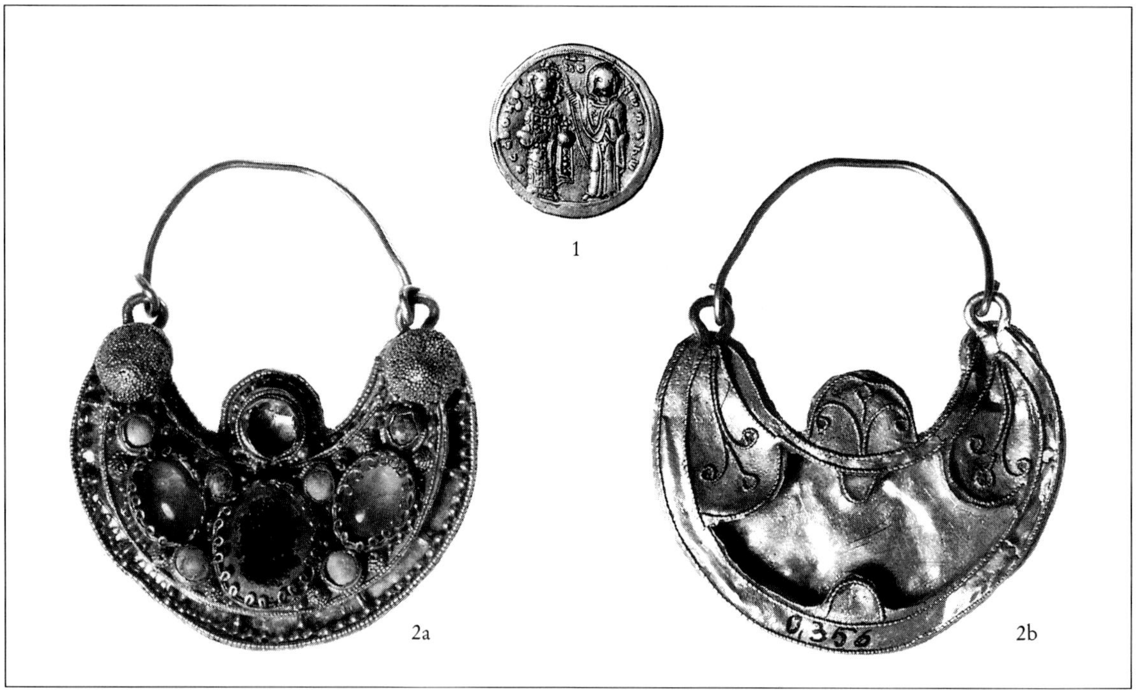

Abb. 4 Der kleine Mainzer Schatzfund von 1904. – 1 Goldmünze des byzantinischen Kaisers Romanos III. Argyros (1028–1034). 2a–b Vorder- und Rückseite des Halbmondohrringes. – Landesmuseum Mainz. – 1 M = 1:1; 2 M = 3:2.

11. Jahrhunderts gehören[22]. Nur wenige dieser zahlreichen Bronzeohrringe tragen bereits dicke Halbkugeln auf den Sichelspitzen[23], wie sie für drei der Mainzer Halbmondohrringe typisch sind (vgl. Taf. 2,1 und Abb. 4).

E. Steingräber[24], H. Westermann-Angerhausen[25] und F. Steenbock[26] glaubten, daß die Mainzer Ohrringe aufgrund ihrer vermeintlichen Ähnlichkeit mit jenem Mondsichelohrring, den Kaiserin Kunigunde auf dem gegen 1020 entstandenen Basler Antependium trägt (Abb. 7,2)[27], in die spätottonische Zeit einstufen zu können. Auch dies ist nicht möglich, weil es sich bei dem dargestellten Schmuckstück um einen ganz anderen Typ, nämlich um eine sehr schmale, weit geöffnete Mondsichel handelt, die keinen scheibenförmigen Einsatz besitzt. Entsprechende Originalfunde kamen in Petegem (Abb. 6,1)[28] und Tournai (Abb. 6,2)[29] zutage. Solche Ohrringe wurden außerdem auf dem Wattenbacher Tragaltar aus der Zeit Kaiser Heinrichs II. (Abb. 7,1)[30] dargestellt. Daß diese Ohrringe vom Typ Petegem in das erste Viertel des 11. Jahrhunderts gehören (Abb. 3,6), bezeugen nicht nur die erwähnten bildlichen Darstellungen, sondern auch die dick aufgerollten Filigrandrahtspiralen auf dem zu einer Fibel umgearbeiteten Mondsichelohrring aus Tournai. Vergleichbare Spiralen kommen bezeichnenderweise sonst nur auf den Rückseiten von Fibeln in skandinavischen Schatzfunden des ausgehenden 10. und frühen 11. Jahrhun-

22 J. Giesler, Zur Archäologie des Ostalpenraumes. Arch. Korrbl. 10, 1980, 87ff. Abb. 3, 12–17.

23 Vgl. Frauengrab 60 und 143 von Ptuj (P. Petru, V. Šribar u. V. Staré, Der karantanisch-köttlacher Kulturkreis. Frühmittelalterlicher Schmuck. Schild von Steier, Kl. Schriften 16, 1975, Taf. 10 und 14. – P. Korošec, La nécropole de Ptujski Grad, Ptuj. Inventaria Archeologica Jugoslavija Fasc. 13 [1971] Taf. Y 126).

24 E. Steingräber, Alter Schmuck (1956) 24.

25 Westermann-Angerhausen (Anm. 18) 18.

26 F. Steenbock, Ein fürstliches Geschenk. In: J. Rasmussen (Hg.), Studien zum europäischen Kunsthandwerk. Festschr. Y. Hackenbroch (1983) 31ff.

27 H. Swarzenski, Monuments of Romanesque Art (1953) 45 Abb. 941. – Schramm u. Mütherich (Anm. 18) Abb. 128. – J. P. Caillet, L'Antiquité classique, le haut moyen âge et Byzance au Musée de Cluny (1985) 220ff.

28 D. Callebaut, Hed oud kasteel te Petegem. Arch. Belgica 237, 1981, 32ff. Abb. 17, 9; 18. – J. Giesler, Ottonischer Emailschmuck. In: J. Hoops, Reallexikon der Germanischen Altertumskunde 7 (1989) 238 Abb. 60c.

29 Baron de Loë, Belgique ancienne 4 (1939) 59 Nr. 23 Abb. 43.

30 F. Mütherich, Der Wattenbacher Tragaltar. Münchner Jahrb. Bildende Kunst NF. 3, 1964, 55ff. Abb. 11.

Abb. 5 Byzantinische Ohrringe der zweiten Hälfte des 10. Jahrhunderts – 1 Vorder- und Rückseite eines Ohrringes aus dem Schatzfund von Kreta. – 2–3 Zwei Ohrringe aus dem Schatzfund von Preslav, Bulgarien. – 1 M = 1:1; 2–3 M = 2:3

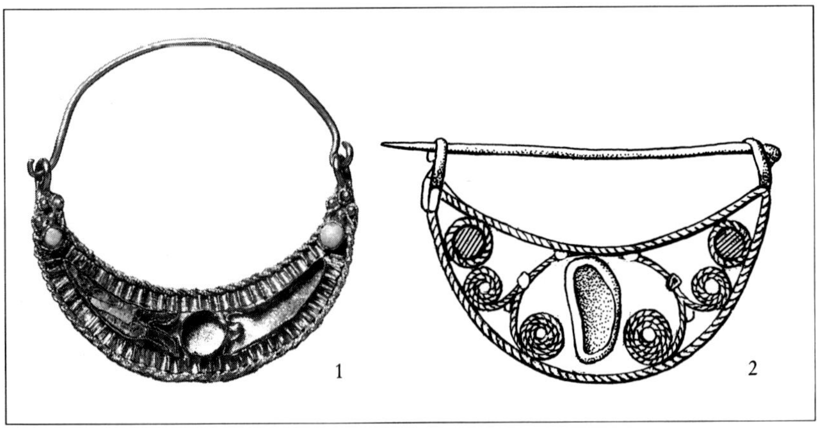

Abb. 6 Mondsichelohrringe des frühen 11. Jahrhunderts – 1 Goldohrring von Petegem, Belgien. – 2 Gold-»Fibel« aus der Umgebung von Tournai, Belgien (nach de Loë). – 1 M = 1:1.

1

2

3

Abb. 7 Hochmittelalterliche Darstellungen von Ohrringen. – 1 Eine der Tugenden auf dem Wattenbacher Tragaltar des frühen 11. Jahrhunderts, Bayer. Nationalmuseum München. – 2 Kaiserin Kunigunde auf dem Basler Antependium aus der Zeit um 1020, Musée Cluny Paris. – 3 »Kluge Jungfrau« auf einem Wandgemälde von San Quirze de Pedret, Spanien, aus dem späten 11. Jahrhundert (nach de Palol).

derts vor[31]. Auch bei den antithetischen Schlangen, die den Mondsichelohrring von Petegem schmükken, handelt es sich um ein charakteristisches Ziermotiv jener Zeit[32].
Die Mainzer Halbmondohrringe folgen zeitlich auf diese ältere Vorform (Abb. 3,8–9) und werden ihrerseits im späteren 11. Jahrhundert von neuen Typen mit einer noch volleren, fast scheibenartig geschlossenen Mondsichel verdrängt (Abb. 3,11). Den Anstoß zu dieser Entwicklung gaben offenbar jene Bügelohrringe, die von byzantinischen und fatimidischen Goldschmieden des 11. Jahrhunderts (Abb. 3,10) hergestellt wurden[33]. Daß sich die jüngeren Formen, zu denen auch die sogenannten »Kolts« aus russischen Schatzfunden des 12. Jahrhunderts zählen[34], bereits im späten 11. Jahrhundert durchgesetzt hatten, deuten die »Vollmondohrringe« der »Klugen Jungfrauen« auf dem Wandgemälde in San Quirze de Pedret, Prov. Barcelona (Abb. 7,3), an[35]. Demzufolge dürften Ohrringe vom Mainzer Typ bereits im Verlauf der zweiten Hälfte des 11. Jahrhunderts aus der Mode gekommen sein.
Ein Überblick über die Entwicklungsgeschichte der Halbmondohrringe vom 10. bis frühen 12. Jahrhundert macht deutlich, daß Ohrringe vom »Typ Mainz«, zu denen auch ein Exemplar aus Kremon in Livland (Abb. 8,2), ein Ohrringpaar aus Runsberga auf Öland (Abb. 8,1)[36] sowie die emaillierte »Lunula« vom Hildesheimer Godehardschrein (Taf. 2,2)[37] gehören, etwa in das mittlere Drittel des 11. Jahrhunderts einzuordnen sind (Abb. 3,7–9). Für diese Datierung lassen sich weitere konkrete Beweise nennen.
Der einzelne, erst 1904 entdeckte Mainzer Goldohrring (Taf. 2,1; Abb. 4)[38] wurde zum Beispiel zusammen mit einer byzantinischen Goldmünze des Kaisers Romanos III. Argyros (1028–1034) aufgefunden. Angesichts der großen Seltenheit byzantinischer Goldmünzen des 11. Jahrhunderts in Deutschland[39] muß diese Münze für ihren Besitzer einen sehr hohen Wert besessen haben; sie ist deshalb sicher nicht zufällig dort verloren, sondern zusammen mit dem Goldohrring absichtlich versteckt worden. Dies kann demnach frühestens um 1028–1034, dürfte aber sehr wahrscheinlich erst einige Zeit später geschehen sein. Darauf, daß der Ohrring erst mittleren 11. Jahrhundert entstand, deuten zudem

31 Vgl. die Fibel aus dem erst nach 980 vergrabenen Schatz von Nonnebacken (J. Graham Campbell, Viking Artefacts [1980] 39f. Abb. 137b), die Fibelfragmente in den um 1000 vergrabenen Schätzen von Kvarna und Norrkvie (M. Stenberger, Die Schatzfunde Gotlands 2 [1947] 77. 227 Abb. 26 und 86) sowie eine Fibel aus dem nach 1005/10 versteckten Schatz 1 von Klein-Roscharden (O. F. Gandert, Die oldenburgischen Silberschatzfunde von Klein-Roscharden [Kr. Cloppenburg]. Oldenburger Jahrb. 51, 1951, 151ff. Taf. 2, 3b).

32 Diese Schlangen zieren die Ränder von zwei Emailscheibenfibeln vom Typ Höxter aus dem späten 10. und frühen 11. Jahrhundert (M. Schulze-Dörrlamm, Kreuze mit herzförmigen Armen. Arch. Korrbl. 18, 1988, 407ff. Abb. 5) und den Rand der Goldfibel aus dem nach 1002 vergrabenen Schatz von Sievern (Schulze-Dörrlamm ebd. Taf. 45,4).

33 Vgl. B. Segall, Katalog der Goldschmiedearbeiten. Benaki Museum Athen (1938) Taf. 56, 286–287; 57, 293; 58, 291–292. – M. C. Ross, Catalogue of the Byzantine and Early Medieval Antiquities in the Dumbarton Oaks Collections 2 (1965) Nr. 135–136. – M. Jenkins u. M. Keene, Islamic Jewellery (1982) Nr. 43 und 51a. – R. Hasson, Early Islamic Jewellery (1987) Abb. 100 und 102. – C. Marçais u. L. Poinssot, Objets Kairouanais (1952) 487 Abb. 129–130. – G. R. Davidson, Corinth 12 (1952) 254 Taf. 108, 2045.

34 G. Korzuchina, Russkie Klady IX–XII vv. (1954) Taf. 33,1.; 35,2–4; 44,1–4; 49,2–3. 9–12; 57,1. – 1000 Jahre russische Kunst. Kat. Schleswig (1988) 387f. Abb. 256–258.

35 P. de Palol u. M. Hirmer, Spanien (1965) Taf. 23. – Darstellungen vollmondartiger Ohrringe finden sich außerdem in einer Miniatur des 1108–47 entstandenen Salzburger Antiphonars (G. Swarzenski, Die Salzburger Buchmalerei des 10. und 11. Jahrhunderts [2. Aufl. 1960] Taf. 98, 333) und im Kölner Friedrich Lektionar von 1120–1130 (Ornamenta Ecclesiae. Kat. Köln 1 [1985] 73, A 20).

36 Kremon: Katalog der Ausstellung zum X. archäologischen Kongress in Riga (1896) 74 Nr. 538 Taf. 17,16. – Runsberga: T. J. Arne, Sveriges förbindelser med Östern under vikingatiden. Fornvännen 6, 1911, 43 Abb. 203. – M. Stenberger, Die Schatzfunde Gotlands 1 (1958) 148 Abb. 32,2–3.

37 Steenbock (Anm. 26) Abb. 1–2. – P. E. Schramm; Herrschaftszeichen und Staatssymbolik 2 (1955) Taf. 62,79b.

38 L. Lindenschmit, Westdt. Zeitschr. 23, 1904, 354 Taf. 7,1. – Der Goldohrring besitzt zwei fein granulierte Halbkugeln auf den einziehenden Sichelspitzen, einen scheibenförmigen Einsatz in der inneren Biegung und ein podestartig erhöhtes Mittelfeld, das von aufgefädelten Perlen (verloren) und einem Wellenband umzogen ist. Die Schauseite ist mit ovalen mugeligen Edelsteinen in Schlaufenfassung, Perlen und kleinen Filigrandrahtkegeln verziert, die Rückseite mit Blütenstengeln aus Filigrandraht. – Landesmuseum Mainz Inv. Nr. O.356.

39 Vgl. G. Hatz, Die byzantinischen Einflüsse auf das deutsche Münzwesen des 11. Jahrhunderts. Zeitschr. f. Arch. 12, 1979, 145ff. Fundliste S. 153f. (die Mainzer Münze ist darin nicht erwähnt). – M. Schulze-Dörrlamm, Jahrb. RGZM 34/2, 1987, 732 Abb. 5.

Abb. 8 Halbmondohrringe vom »Typ Mainz«. – 1 Runsberga, Öland. – Statens Hist. Mus. Stockholm. – 2 Kremon, Livland (nach Kongreßber. Riga). – 1 M = 1:1.

die fein granulierten Halbkugeln auf den Halbmondspitzen hin, die jener eines Fingerrings aus dem nach 1057–1059 vergrabenen Schatz von Dinogetia auffällig ähneln[40].

Auch das Zellenemail der Lunula vom Hildesheimer Godehardschrein (Taf. 2,2) gehört in das mittlere 11. Jahrhundert. In den Spitzen des Halbmondes befinden sich nämlich stark eingerollte Halbpalmetten[41], die sonst nur auf dem Kölner Anno-Kreuz (vgl. Abb. 82) aus der Mitte des 11. Jahrhunderts und bei einigen Medaillons des Mainzer Juwelenkragens (Abb. 81)[42] sowie bei einzelnen Emailplättchen des Helmarshausener Evangeliars (Abb. 12) aus der Zeit um 1100[43] zu finden sind.

Auch die Halbmondohrringe vom Mainzer Typ aus Kremon (Abb. 8,2)[44] und aus dem erst um 1106 vergrabenen Schatz von Runsberga (Abb. 8,1)[45] unterstreichen eine Datierung in das mittlere 11. Jahrhundert. Denn sie besitzen außer der charakteristischen Mondsichel mit einziehenden Enden noch Pendilien und gleichen dadurch jenen dicken Halbmondohrringen mit Pendilien, welche Kaiserin Agnes auf einer Miniatur des Speyerer Evangeliars von 1043–1046 (Taf. 2,4)[46] und auf einer anderen Miniatur in dem um 1051 entstandenen Evangeliar von Goslar (Taf. 2,3)[47] trägt.

Ein weiteres Detail, das eine Datierung der Mainzer Ohrringe in das 11. Jahrhundert bekräftigt und ihre Entstehung in ottonischer Zeit ausschließt, ist der in zwei Ringösen eingehakte, lose Tragbügel. Bei diesem handelt es sich nämlich um eine vereinfachte Imitation von Tragbügeln mit zwei Scharnieren, die erst bei byzantinischen und fatimidischen Bügelohrringen (Abb. 9) des beginnenden 11. Jahrhunderts[48],

40 G. Stefan, I. Barnea, M. Comşa u. E. Comşa, Dinogetia (1967) 277 Abb. 167,4.

41 Steenbock (Anm. 26) Abb. 1–2.

42 Anno-Kreuz: J. M. Plotzek, in: Monumenta Annonis. Kat. Köln (1975) 163, D 1. – Ornamenta Ecclesiae. Kat. Köln 3 (1985) H 38. – Juwelenkragen aus Mainz: K. Flügel, Einige Bemerkungen zum sogenannten »Giselaschmuck«. Forschungen u. Berichte Staatl. Museen Berlin 23, 1983, 14 Taf. 3.

43 Ornamenta Ecclesiae. Kat. Köln 1 (1985) 445.

44 Vgl. Anm. 36.

45 Stenberger (Anm. 36) 148 Abb. 32,2–3.

46 P. Schweinfurth, Das goldene Evangelienbuch Heinrichs III. und Byzanz. In: Zeitsch. f. Kunstgesch. 10, 1941, 42 ff. Abb. 2. – P. E. Schramm, Die deutschen Kaiser und Könige in Bildern ihrer Zeit 751–1190, hg. von F. Mütherich (1983) Nr. 157 Taf. 406. – L. Grodecki, F. Mütherich, J. Taralon u. F. Wormald, Die Zeit der Ottonen und Salier (1973) 173.

47 Schramm (Anm. 46) Nr. 158 Taf. 408. – Schweinfurth (Anm. 46) Abb. 3.

48 Zu den ältesten datierbaren Exemplaren gehört der byzantinische Beutelohrring mit Scharnierverschluß aus einem

dagegen noch nicht bei den weit geöffneten Mondsichelohrringen des 10. Jahrhunderts auftreten. Diese neuartige Verschlußform setzte sich vermutlich deshalb durch, weil vornehme Frauen im 11. Jahrhundert dazu übergingen, die Ohrringe nicht durch das Ohrläppchen zu stecken, sondern sie am Schleier zu befestigen, der den Kopf ganz umhüllte, so wie es auf den Bildnissen der Kaiserin Agnes (vgl. Taf. 2,3–4) deutlich zu erkennen ist.

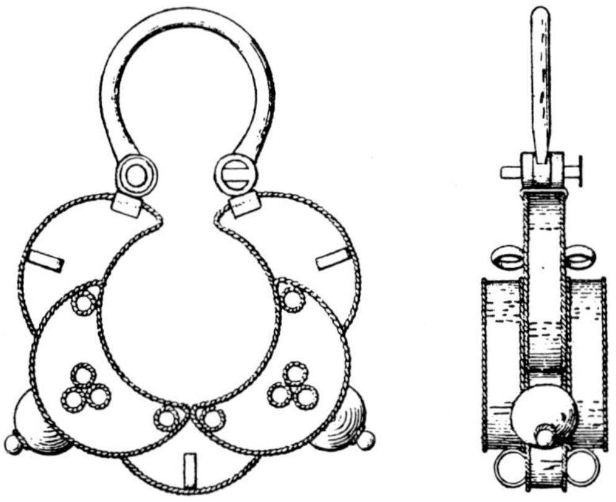

Abb. 9 Fatimidischer Goldohrring mit Tragbügel-Scharnier aus dem Schatzfund von Tarabia (Le Kef) in Tunesien, 11. Jahrhundert (nach Marçais und Poinssot). – H. 2,6 cm.

Das Vorbild byzantinischer und fatimidischer Ohrringe hat sich bei dem einseitig verzierten Mainzer Halbmondohrringpaar noch in einem weiteren Punkt ausgewirkt. Das podestartig erhöhte Mittelfeld mit einer schmalen, tieferliegenden Randzone, welche mit Perlen und tropfenförmigen Edelsteinen verziert ist, ähnelt nämlich den Halbmondohrringen des 11. Jahrhunderts aus Byzanz und dem Vorderen Orient, auf deren schmalen Randstreifen zumeist granulierte oder durchbrochene Halbkugeln sitzen[49]. Im übrigen dürfte dieses Ohrringpaar wegen der mit Goldkügelchen besetzten Filigrandrahtpalmetten auf den Goldblechbuckeln der Halbmondspitzen, die den »genieteten« Palmetten vom Armreliquiar des hl. Sigismund gleichen[50], erst nach der Mitte des 11. Jahrhunderts angefertigt worden sein.
Die zwei Mainzer Halbmondohrringe mit unterschiedlich verzierten Vorder- und Rückseiten (Taf. 7,3; Abb. 2,3–4) verdienen besondere Aufmerksamkeit. Der Rand des dreieckigen Einsatzes in der Mondbiegung ist nämlich mit kleinen Kugelpyramiden verziert, und den Außenrand umziehen aufgefädelte Perlen zwischen kleinen Goldblechösen. Diese zwei Details und die Tatsache, daß beide Seiten – wie bei byzantinischen und fatimidischen Ohrringen üblich – vollständig verziert sind, beweisen, daß dieses Ohrringpaar von einem Goldschmied aus Byzanz oder Italien hergestellt worden sein muß. Die Tatsache jedoch, daß die Spitzen des Halbmondes dicke Kugeln aus Golddrahtranken und daran angelötete Ringösen mit eingehaktem Bügel tragen, spricht gegen ihre Herkunft aus Byzanz selbst; denn dort kommt diese Kombination bei den Bügelohrringen nicht vor. Sie läßt sich bisher nur bei den Halbmondohrringen aus Kremon (vgl. Abb. 8,2) und Runsberga (vgl. Abb. 8,1) sowie bei einem Ohrring mit Kreuzanhänger aus dem nach 1063 vergrabenen Schatz von Niederlandin (vgl. Abb. 11) nachweisen[51]. M. Rosenberg hatte seinerzeit vermutet, daß die auf der einen Seite mit Edelsteinen und Filigranranken, auf der anderen Seite mit Zellenschmelz verzierten Mainzer Ohrringe in Süditalien oder

nach 1000 bei Bautzen vergrabenen Schatz (G. Dutschmann, Die Hacksilberfunde Sachsens. In: W. Frenzel [Hg.], Festschrift zur 25-Jahrfeier der Gesellschaft für Vorgeschichte und Geschichte der Oberlausitz zu Bautzen [1926] 130f. Taf. 20. – Gut erkennbare Abbildungen des »Scharnierstiftes« bei Ross (Anm. 33) Abb. 135 und Hasson (Anm. 33) Nr. 96 und 98 sowie bei G. Marçais u. L. Poinssot, Objets Kairouanais (1952) 482 Abb. 127.

49 Sammlung E. und M. Kofler-Truniger, Luzern. Kat. Zürich (1964) Taf. 131. – Jenkins u. Keene (Anm. 33) Nr. 41. 43. 48. 50. – Segall (Anm. 33) Nr. 286–287.

50 W. Arenhövel, Der Hezilo-Radleuchter im Dom zu Hildesheim (1975) 148ff. Abb. 367.

51 J. Herrmann u. P. Donat (Hg.), Corpus archäologischer Quellen zur Frühgeschichte 3 (1979) Nr. 59/56.

auf Sizilien entstanden seien[52]. Zwar kennt man aus Italien bislang keine vergleichbaren Ohrringe, dennoch ist diese Möglichkeit angesichts der Ähnlichkeit, die die einfachen Spiralranken aus Filigrandraht der Mainzer Ohrringe mit dem Rankenwerk auf den Vorderseiten der italienischen Kreuze von Velletri und im Welfenschatz haben[53], durchaus in Betracht zu ziehen.
Zu den in Mainz gefundenen Halbmondohrringen läßt sich abschließend sagen, daß sie einem Typ angehören, der dem mittleren Drittel des 11. Jahrhunderts zuweisbar ist, also eine charakteristische Schmuckform aus der Zeit der Kaiserin Agnes (1043–1062, † 1077) darstellt.
Bronzene Imitationen dieser Halbmondohrringe kennt man bisher nicht. Aber auch andere Ohrringtypen sind, bis auf wenige Ausnahmen wie den Messingohrring mit Spiraldrahtumwicklung vom Petersberg in Basel[54], in den Kerngebieten des Salierreiches noch nicht gefunden worden. Allem Anschein nach wurden Ohrringe im mittleren und späten 11. Jahrhundert nur noch von den reichsten und vornehmsten deutschen Frauen getragen.

Fibeln

Nicht nur die Halbmondohrringe, sondern auch die insgesamt sechs goldenen Kegel- und Buckelfibeln mit schmaler Randzone des Schatzfundes von 1880 stammen eindeutig aus dem mittleren Drittel des 11. Jahrhunderts. Aus stilistischen Gründen, zum Beispiel wegen der Flächengranulierung, hatte Otto von Falke sie seinerzeit nicht zum Krönungsschmuck der Kaiserin Gisela, sondern einer zweiten Gruppe zugerechnet, diese aber dennoch ebenfalls in die Zeit um 1025 verwiesen[55]. Von den Kritikern seiner Argumentation wurden diese Juwelen zwar nicht in das 10. Jahrhundert, aber doch pauschal in die Zeit um 1000[56] oder zumindest in die Zeit Heinrichs II. vordatiert[57].

Kegelfibeln mit Trommelkranz

Vier von diesen sechs Schmuckstücken sind Kegelfibeln mit Trommelkranz. Zwei davon bilden sogar ein echtes Paar. Zu ihren gemeinsamen Kennzeichen zählen: der durchbrochen gearbeitete, leicht stufenartige Wandkegel aus Goldblech, ein zentraler mugeliger Edelstein in Kleeblatt- oder Krallenfassung sowie eine schmale abgesetzte Randzone aus einzelnen Filigrandrahttrommeln (Kat. Nr. 5–8, Taf. 8,2–5; 12; Abb. 10). In den Randtrommeln saßen ursprünglich einzelne Perlen, die durch hochkant gestellte Goldblechösen voneinander abgeteilt waren. Die Schrägzonen der Kegel ruhen auf Bändern aus achterförmigen Drahtschlaufen oder auf freitragenden dicken Goldkugeln. Den oberen Abschluß des Kegels bildete einst jeweils ein Kreis aus aufgefädelten Perlen, der jedoch schon bei der Auffindung im Jahre 1880 bei keinem einzigen Exemplar mehr vorhanden war.
Auf den mit Filigranranken und eingesetzten Perlen verzierten Wandkegeln der zwei paarigen Fibeln lag ursprünglich ein rautenförmiges Netz aus aufgefädelten Perlen, die ebenfalls verloren sind. Bei den zwei ungleichen Kegelfibeln gliederte sich die Wand in zwei waagrechte Zonen. Die eine bestand aus

52 M. Rosenberg, Geschichte der Goldschmiedekunst auf technischer Grundlage. Granulation (1918) 192f. – So auch A. Lipinsky, Sizilianische Goldschmiedekunst im Zeitalter der Normannen und Staufer. Das Münster 10, 1957, 185.

53 Y. Hackenbroch, Italienisches Email im frühen Mittelalter (1938) 49ff. Abb. 38–41. – D. Kötzsche, Der Welfenschatz (1973) Kat. Nr. 1 Taf. 1. – P. de Winter, Der Welfenschatz (1986) 46.

54 L. Berger, Die Ausgrabungen am Petersberg in Basel (1963) 43 Taf. 20, 2. – J. Giesler, Untersuchungen zur Chronologie der Bijelo Brdo-Kultur. Praehist. Zeitschr. 56, 1981, 126ff.

55 O. von Falke, Der Mainzer Goldschmuck der Kaiserin Gisela (1913) 25ff.

56 P. E. Schramm u. F. Mütherich, Denkmale der deutschen Könige und Kaiser (1962) 168f. Nr. 144.

57 K. Flügel-Lindenlaub, Zur Geschichte des Gisela-Schmuckes. Neue Museumskunde 13, 1970, 49. – G. Schade, Deutsche Goldschmiedekunst (1976) 65 Taf. II. – V. H. Elbern, Goldschmiedekunst im frühen Mittelalter (1988) 104 Abb. 64.

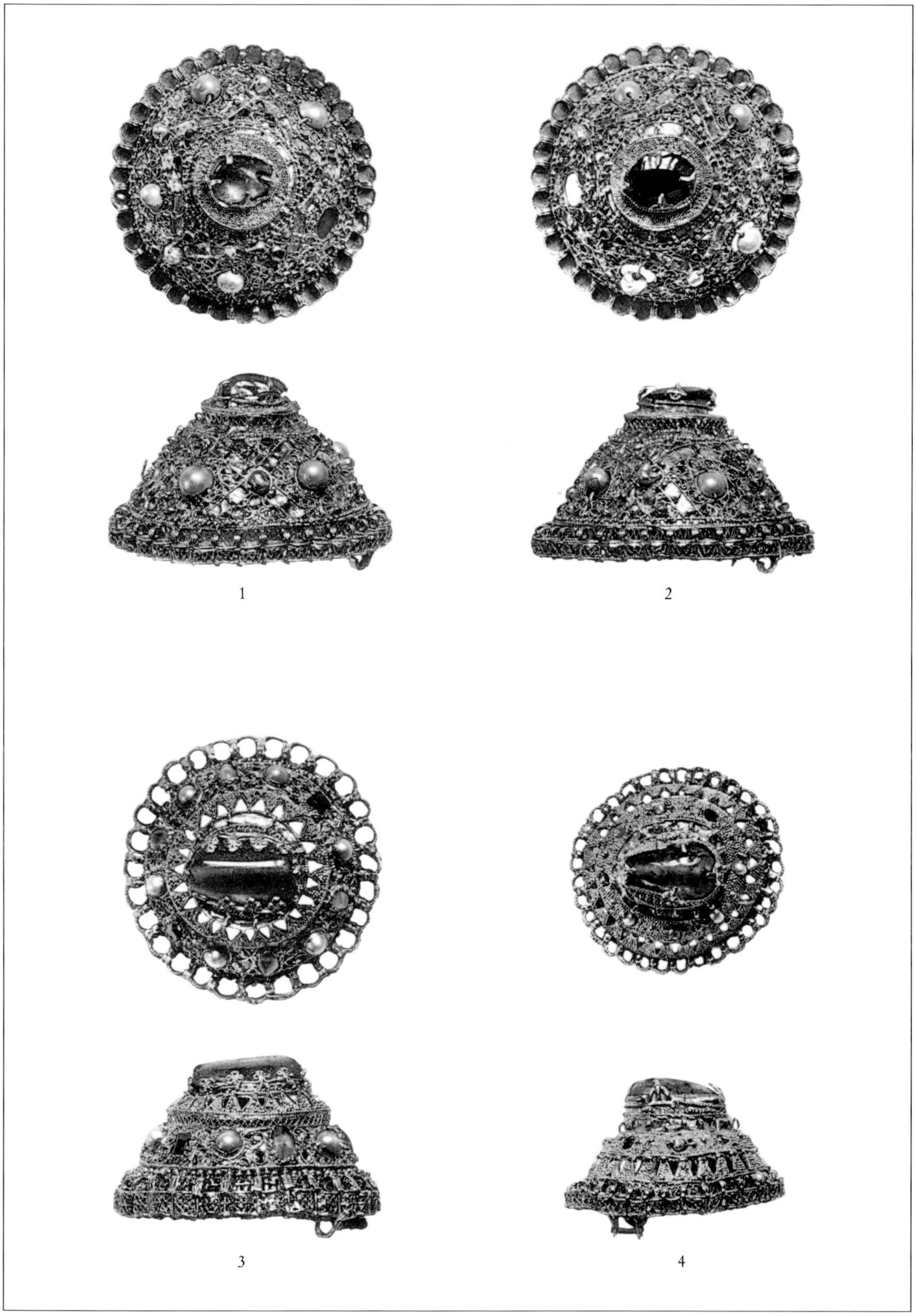

Abb. 10 Kegelfibeln mit Trommelkranz aus dem Mainzer Schatz der Kaiserin Agnes. – 1–2 Goldenes Fibelpaar (Kat. Nr. 5–6). – 3 Goldfibel (Kat. Nr. 7). – 4 Goldfibel (Kat. Nr. 8). – Kunstgewerbemuseum Berlin, Schloß Köpenick. – M = 1:1.

freitragenden, hochkant stehenden, granulierten Dreiecken, die andere aus einem flächig granulierten oder mit Filigranranken, Perlen und Edelsteineinlagen verzierten Streifen.

Ein entscheidender Beweis dafür, daß – im Unterschied zu H. Westermann-Angerhausens Einschätzung[58] – die Kegelfibeln mit Trommelkranz noch nicht in spätottonischer, sondern erst in salischer Zeit hergestellt worden sind, ist die Tatsache, daß die senkrechte Unterwand aller vier Fibeln, welche von den vorgelagerten Randtrommeln fast völlig verdeckt wird, stets aus zwei dicht aufeinander gelöteten Bändern aus Achterschlaufen besteht. Aus diesen sind auch die Randtrommeln der größeren, unpaarigen Kegelfibel (Kat. Nr. 7, Abb. 10,3) sowie der Buckelfibel mit Trommelkranz (Kat. Nr. 9, Abb. 20) gebildet. Doppelzeilige Achterschlaufen gleicher Machart kommen zum ersten Mal in sicher datierten Fundkomplexen des mittleren 11. Jahrhunderts vor, nämlich bei dem Ohrring mit Kreuzanhänger aus dem nach 1063 vergrabenen Schatz von Niederlandin (Abb. 11)[59] und bei einer Perle des Schatzfundes von Degt'any aus der Mitte des 11. Jahrhunderts[60]. Auch der Dreitrommel-Ohrring aus Grab II von Fliessau kann aufgrund des mit ihm aufgefundenen dickstabigen Fingerrings mit spitzen Enden, einer Leitform der späten Stufe Bijelo Brdo I[61], um die Mitte des 11. Jahrhunderts angesetzt werden. Bei

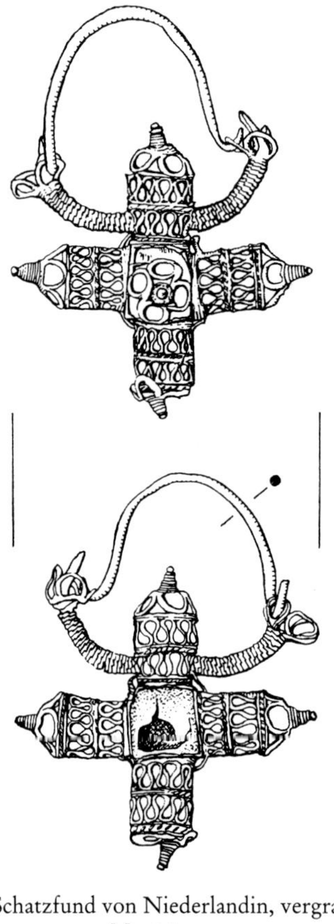

Abb. 11 Ohrring mit Kreuzanhänger aus dem Schatzfund von Niederlandin, vergraben nach 1063 (nach Herrmann u. Donat). – M = 1:1.

58 H. Westermann-Angerhausen, Ottonischer Fibelschmuck, neue Funde und Überlegungen. Jewellery studies 1, 1983–84, 22 f. 36.

59 J. Herrmann u. P. Donat (Hg.), Corpus archäologischer Quellen zur Frühgeschichte 3 (1979) Abb. 59/56.

60 V. Borisovich Perkhavko, The West Slav Ornaments in the Hoard of Degt'any. Slovenská Arch. 33-2, 1985, 327 Abb. 7.

61 Grab II von Fliessau: R. Grenz, Die slawischen Funde aus dem hannoverschen Wendland (1961) 31 Taf. 12,9. – Zur Datierung des Fingerrings vgl. J. Giesler, Untersuchungen zur Chronologie der Bijelo Brdo-Kultur. Praehist. Zeitschr. 56, 1981, 111 Taf. 53,27–28.

Abb. 12 Deckel des Evangeliars von Helmarshausen, um 1100. – Domschatz Trier. – H. 37 cm.

älteren Schmuckstücken, wie dem Ohrring mit Kreuzanhänger aus dem nach 1028 vergrabenen Schatz von L. Slågarp[62], waren die Achterschlaufen dagegen noch durch breite Querstreifen voneinander getrennt.

Frühestens gegen Mitte des 11. Jahrhunderts ist auch die größere der zwei ungleichen Kegelfibeln (Kat. 7, Abb. 10,3) entstanden. Ihre Filigranranken auf der unteren Zone des Wandkegels sind nämlich mit kleinen Goldkügelchen besetzt. Solche »genieteten« Ranken ohne Klammern, aus denen gerade, langstielige Blüten herauswachsen, kommen im Gegensatz zu geklammerten Ranken[63] auf Goldschmiedearbeiten aus der Zeit Heinrichs II. und Konrads II. noch gar nicht vor; sie treten vielmehr erst auf der Krone vom Kopfreliquiar der hl. Kunigunde auf (vgl. Abb. 21), die nach den Untersuchungen von R. Baumgärtel-Fleischmann wohl um 1063/64 als Votivkrone von Bischof Gunther dem Petrus-Altar im Bamberger Dom gestiftet worden ist[64]. Ganz typisch werden solche Ranken dann für Werke des späten 11. und 12. Jahrhunderts. Sie schmücken zum Beispiel vereinzelt das Evangeliar der Judith von Flandern[65], vor allem das Armreliquiar des hl. Sigismund[66], das Kreuz der Adelheid von Ungarn (1077–1108)[67], den Buchdeckel aus Helmarshausen (Abb. 12)[68] der Zeit um 1100, das große[69] und die zwei kleinen Hildesheimer Scheibenkreuze des frühen 12. Jahrhunderts[70] und sogar noch den Buchdekkel von St. Godehard aus der Zeit um 1170[71]. Da immer die jüngsten Verzierungselemente Grundlage einer Datierung sind, können die etwas altertümlicheren, wie Krallenfassungen, freistehende granulierte Dreiecke[72] oder rautenförmige Perlschnüre[73], bei der Zeitbestimmung dieses Fibeltyps unberücksichtigt bleiben.

Daß es sich bei den Mainzer Kegelfibeln mit Trommelkranz um Schmuckstücke des mittleren 11. Jahrhunderts handelt, wird nicht zuletzt durch eine Darstellung bezeugt, nämlich das Bildnis des knienden Kaisers Konrad II. auf einer der Miniaturen des von Kaiser Heinrich III. gestifteten Speyerer Evangeliars (1043–1046)[74]. Aufgrund der Seitenansicht ist die Kegelform seiner goldenen Mantelfibel mitsamt der waagrecht abgesetzten Sockelzone ganz deutlich zu sehen (Taf. 3,1). Dem Miniaturmaler müssen demnach Kegelfibeln der Mainzer Machart im Original bekannt gewesen sein und als Vorlage gedient haben. Daß Kaiser Heinrich III. selbst eine solche Mantelfibel getragen haben dürfte, läßt sein Bild in dem 1051 geschaffenen Evangeliar von Goslar vermuten[75], auf dem jedoch wegen der gewählten Frontalansicht nur der schmale Perlrand, nicht aber die Kegel- oder Buckelform der Mantelfibel zu erkennen ist.

62 B. Hård, Wikingerzeitliche Depotfunde aus Südschweden (1976) 56 Taf. 40,1. – Vgl. auch den Anhänger aus Grab 501 von Birka (W. Duczko, Birka V. The Filigree and Granulation Work of the Viking Period [1985] 64 Abb. 72).

63 Genietete Ranken, jedoch mit einer Klammer am Stengelansatz, kommen schon auf der Goldblechauflage des Achats im Zentrum des Codex Clm 4454 aus dem frühen 11. Jahrhundert vor (Steenbock [Anm. 26] Nr. 47 Abb. 65. – K. Guth, Die Heiligen Heinrich und Kunigunde [1986] 111).

64 R. Baumgärtel-Fleischmann, Die sogenannte Kunigundenkrone. Münchner Jahrb. Bildende Kunst 32, 1981, 34 Abb. 10.

65 Vgl. die genieteten Ranken auf der mittleren Querleiste (F. Steenbock, Der kirchliche Prachteinband im frühen Mittelalter [1965] Nr. 77 Abb. 105. – H. Swarzenski, Monuments of Romanesque Art [1953] Abb. 145 und 147).

66 W. Arenhövel, Der Hezilo-Radleuchter im Dom zu Hildesheim (1975) 121 ff. Abb. 362–368.

67 H. Fillitz u. M. Pippal, Schatzkunst. Die Goldschmiede- und Elfenbeinarbeiten aus österreichischen Schatzkammern des Hochmittelalters (1987) 392 ff. Nr. 112 Abb. 112,3.

68 Steenbock (Anm. 65) Nr. 79 Abb. 107.

69 V. H. Elbern, Dom und Domschatz in Hildesheim (1979) 74.

70 E. Brepohl, Theophilus Presbyter und die mittelalterliche Goldschmiedekunst (1987) Abb. 56,4.

71 Steenbock (Anm. 65) Nr. 99 Abb. 139. – Schatzkunst Trier. Kat. Trier (1984) 128 f. Nr. 67.

72 Diese finden sich schon bei der kleinen Bronzefibel vom Stahlhof in London aus dem 10. Jahrhundert (D. M. Wilson, Anglo-Saxon ornamental metalwork 700–1100 [1964] 154 f. Taf. 26,51), auf den Zierscheiben des Mahlschatzes Heinrichs II. aus dem frühen 11. Jahrhundert (Schramm u. Mütherich [Anm. 56] Nr. 119 Taf. 341) und bei der Kegelfibel aus Luxemburg aus der Zeit Konrads II. (Westermann-Angerhausen [Anm. 58] 36 Abb. 10) sowie bei einer kleinen Zinnfibel aus Norwegen (Aarsberetning Oslo 1899 [1900] 151 Abb. C).

73 Rautenförmige Perlschnüre zierten schon das Giselakreuz aus dem Jahre 1006 (Schramm u. Mütherich [Anm. 56] Taf. 366).

74 Schramm (Anm. 46) Abb. 143. – L. Grodecki, F. Mütherich, J. Taralon u. F. Wormald, Die Zeit der Ottonen und Salier (1973) Abb. 172. – A. Boeckler, Das goldene Evangelienbuch Heinrichs III. (1933) Taf. 6.

75 Schramm (Anm. 46) Taf. 408.

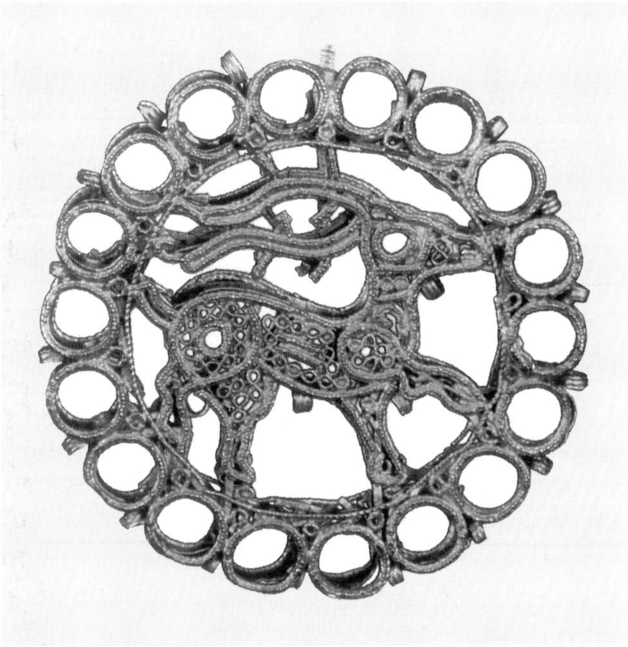

Abb. 13 Goldener Scheibenkopf einer fatimidischen Goldnadel des 11. Jahrhunderts. – Jerusalem, L. A. Mayer Memorial Institute for Islamic Art (nach Hasson). – M. = 2:1.

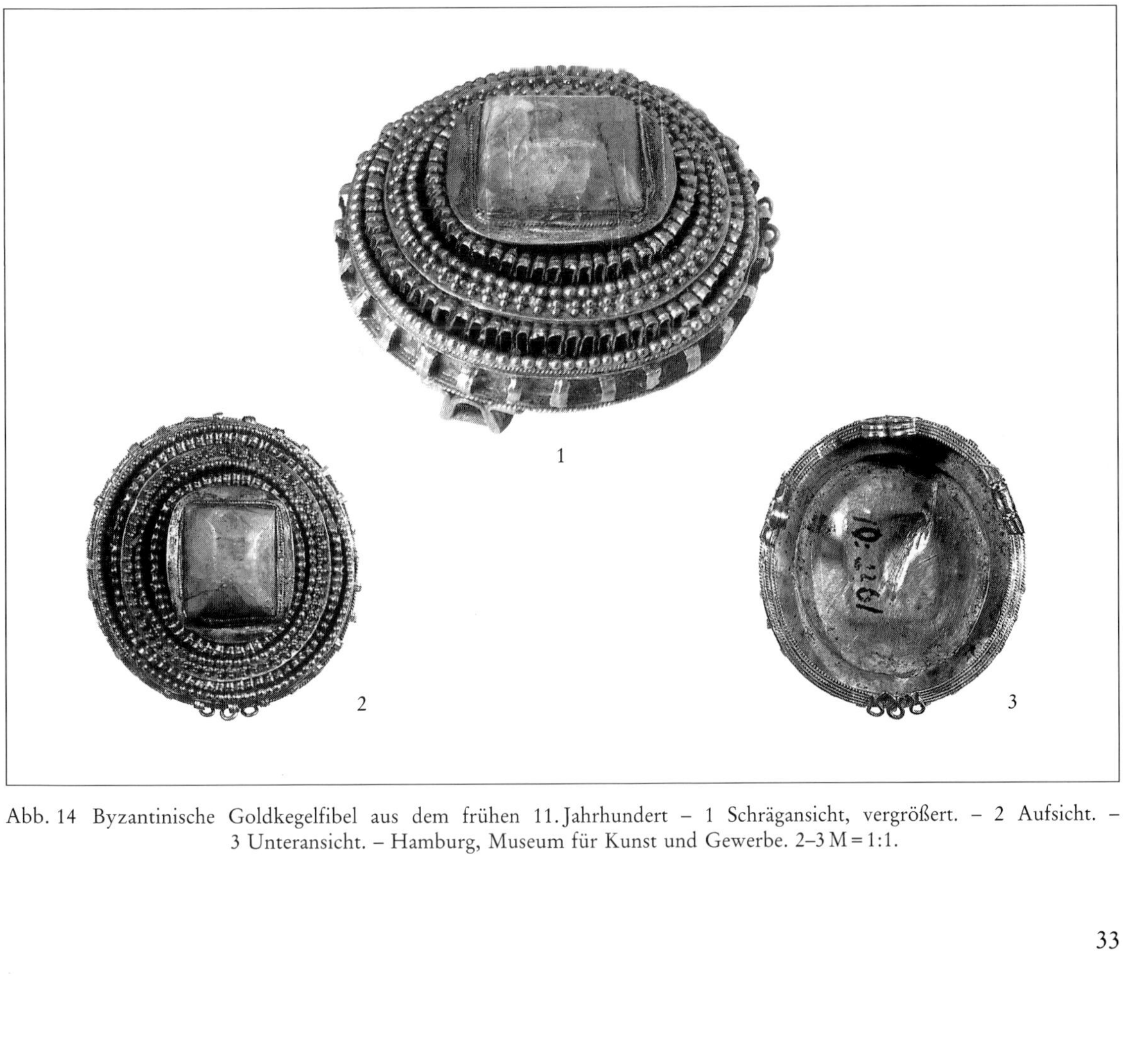

Abb. 14 Byzantinische Goldkegelfibel aus dem frühen 11. Jahrhundert – 1 Schrägansicht, vergrößert. – 2 Aufsicht. – 3 Unteransicht. – Hamburg, Museum für Kunst und Gewerbe. 2–3 M = 1:1.

Die Verzierungselemente deuten darauf hin, daß es sich bei den Mainzer Kegelfibeln mit Trommelkranz um Erzeugnisse deutscher Goldschmiedewerkstätten handelt. Gleichwohl sind an ihnen gewisse Einflüsse aus dem byzantinischen und fatimidischen Kunsthandwerk spürbar. So dürfte etwa der Trommelkranz aus Filigrandraht auf Vorbilder wie zum Beispiel die fatimidische Goldnadel mit Scheibenkopf (Abb. 13) im Jerusalemer L. A. Mayer Memorial Institute for Islamic Art[76] zurückzuführen sein. Auch die im Grunde recht merkwürdige Idee, eine Fibel kegelförmig zu gestalten und auf eine massive Bodenplatte zu verzichten, scheint von byzantinischen Fibeln angeregt worden zu sein. Wie solche älteren Vorläufer aus Byzanz aussahen, zeigen die beiden Kegelfibeln im Hamburger Museum für Kunst und Gewerbe (Abb. 14)[77] und im British Museum zu London[78]. Sie haben beide keine Bodenplatte, wohl aber eine geschlossene kegelige Wand aus Goldblech, die mit Perldrähten und engen Wellenbändern aus Goldblech ringförmig umzogen ist, sowie einen Rand aus dicken Einzelperlen zwischen Goldblechösen. Für deren Herkunft aus Byzanz spricht nicht nur die Gemme mit griechischer Inschrift im Zentrum der »Londoner« Fibel (Abb. 15), sondern vor allem der geschlossene Bering aus Kugelpyramiden bei der »Hamburger« Fibel (Abb. 14). Auf Werken deutscher Goldschmiede, die allenfalls vereinzelte Kugelpyramiden als Ornament verwendeten[79], kommen solche Reihen aus Kugelpyramiden nachweislich nie vor. Sie sind hingegen typisch für byzantinisch-fatimidische Ohrringe

Abb. 15 Byzantinische Goldkegelfibel mit griechischer Gemme aus dem frühen 11. Jahrhundert. – London, British Museum. – M = 2:1.

76 R. Hasson, Early Islamic Jewellery (1987) 87 Abb. 113.

77 E. Steingräber, Alter Schmuck (1956) 24 Abb. 11. – J. Wolters, Die Granulation (1983) Abb. 205. – Ders., Filigran. Reallexikon dt. Kunstgesch. 94 (1986) Sp. 1094 Abb. 19.

78 O. M. Dalton, Catalogue of Early Christian Antiquities (1901) 46 Abb. 280. – A. Alföldi, Ein Glückwunsch aus der römischen Kaiserzeit. In: Festschr. R. Hahnloser (1961) 11 ff. Abb. 3. – Westermann-Angerhausen (Anm. 58) 25 Abb. 11–12. – Dies., Die Mindener Goldfibel. In: Ausgrabungen in Minden. Kat. Minden (1987) 187 Abb. 97. – H. Tait, Jewellery through 7000 years (1976) 218 Abb. 358. – Das Britische Museum besitzt außer dieser Kegelfibel noch eine zweite hochmittelalterliche Fibel aus Byzanz, die bisher nicht als solche erkannt und irrtümlich in das 3.–4. Jahrhundert datiert worden ist (F. H. Marshall, Catalogue of the Jewellery. Greek, Etruscan and Roman [1911] 341 Taf. 65 Nr. 2874). Diese Goldfibel hat die Form einer Pyramide, trägt auf der Spitze einen Onyx in breiter Zargenfassung und auf der Wand abwechselnd umlaufende enge Wellenbänder, Perldrähte und Reihen aus Kugelpyramiden. Als Außenrand diente eine Schnur aufgefädelter Perlen, die von vorspringenden Goldblechösen gehalten wurden, aber nicht erhalten geblieben sind (M. Schulze-Dörrlamm, Die Kaiserkrone Konrads II. [1990] Abb. 85).

79 Vgl. die Kugelpyramiden auf den verlorenen Perlen der kleinen Goldfibel des späten 10./ frühen 11. Jahrhunderts aus der Nähe von Mainz (M. Schulze-Dörrlamm, Kreuze mit herzförmigen Armen. Arch. Korrbl. 18, 1988, 407 ff. Abb. 4) oder die von Goldröhrchen getragenen Kugelpyramiden auf den Platten der deutschen Kaiserkrone (H. Fillitz, Die Schatzkammer in Wien [1986] Taf. 3–4) sowie jene auf der rechten Armplatte des Reichskreuzes (E. Medding-Alp, Rheinische Goldschmiedekunst in ottonischer Zeit [1952] Abb. 45).

Abb. 16 Fatimidische Goldohrringe des 11. Jahrhunderts aus Syrien. – New York, Metropolitan Museum of Art, Purchase, Gifts in memory of Richard Ettinghausen and Harris Brisbane Dick Fund, 1979 (1979.278.2ab). – M = 1:1.

(Abb. 16) des 10. und 11. Jahrhunderts n. Chr.[80] Daß es sich bei der Fibel im Hamburger Museum für Kunst und Gewerbe auf jeden Fall um eine byzantinische Arbeit handelt, beweisen die drei Golddrahtösen an ihrem unteren Rand, in denen einst Pendilien gehangen hatten, denn solche findet man bei deutschen Fibeln nicht. Die zuerst von E. Steingräber geäußerte, dann von H. Westermann-Angerhausen und J. Wolters übernommene These, daß die »Hamburger« und »Londoner« Fibeln Erzeugnisse rheinischer Werkstätten seien und aus Mainz stammen könnten[81], ist also falsch.
Diese beiden byzantinischen Goldkegelfibeln des frühen 11. Jahrhunderts besaßen noch keinen angelöteten Trommelkranz, sondern lediglich einen Außenrand aus aufgefädelten Einzelperlen, die von vorspringenden Goldblechösen gehalten wurden. Fibeln dieses Typs könnten daher das Vorbild jener kleinen Kegelfibel mit einem Rand aufgestifteter Einzelperlen gewesen sein, die aus Luxemburg stammt (Abb. 17)[82] und die etwas älter als die Mainzer Kegelfibeln ist. Ihre Wand besteht zwar schon aus einer Zone hochkant gestellter Dreiecke, die abwechselnd granuliert und cloisonniert sind – in ähnlicher Form gibt es sie später noch bei den Mainzer Fibeln –, doch sind die kleinen Blattfassungen des zentralen Saphirs typisch für Goldschmiedearbeiten aus der Zeit Heinrichs II. und Konrads II. Sie schmücken zum Beispiel das Sternfibelpaar vom Mainzer Domchor (vgl. Taf. 5) aus dem ersten Viertel des 11. Jahrhunderts[83] und den Tragaltar Heinrichs II.[84], aber auch noch das von Konrad II. gestiftete Reichskreuz (vgl. Abb. 55)[85]. Da solche kleinen Blattfassungen bei Werken aus jüngerer Zeit nicht mehr vorkommen, kann

80 Vgl. die Kugelpyramiden an den Ohrringen aus der Zeit des Johannes Tzimisces (H. Schlunk, Eine Gruppe datierbarer byzantinischer Ohrringe. Ber. Berliner Museen 61, 1940, 42 ff.), auf dem Ohrring des 10./11. Jahrhunderts. im Kunstgewerbemuseum der Stadt Köln (A. B. Chadour u. R. Joppien, Schmuck I [1985] Nr. 182), an fatimidischen Bügelohrringen aus Kairouan (G. Marçais u. L. Poinssot, Objets Kairouanais [1952] 487 Abb. 131) und aus dem Schatz von Samsat in der Türkei (N. Özgüc, Belleten 49, 1985 [1986] 441 ff. Abb. 27–28) sowie an Goldohrringen des 11. Jahrhunderts aus Syrien (M. Jenkins u. M. Keene, Islamic jewellery [1982] 85 Abb. 51a). – Vgl. auch den byzantinischen Anhänger des späten 9. Jahrhunderts. aus Mikulčice (K. Benda, Mittelalterlicher Schmuck [1966] 32).

81 Steingräber (Anm. 77) 26 Abb. 13. – Westermann-Angerhausen (Anm. 58) 25. – J. Wolters, Die Granulation (1983) Abb. 254.

82 E. A. Meyer, Zur Geschichte des hochmittelalterlichen Schmuckes. In: Das 7. Jahrzehnt. Festschr. A. Goldschmidt (1935) 22 Abb. 14–15. – Baron de Loë, Belgique ancienne 4 (1939) 56 Abb. 38. – Westermann-Angerhausen (Anm. 58) 25 Abb. 10.

83 F. Schneider, Mittelalterliche Goldfibeln, ein Fund aus dem Boden von Mainz. Jahrb. Preuß. Kunstsamml. 18, 1897, 170 ff. – von Falke (Anm. 55) 28 Abb. 23. – Westermann-Angerhausen (Anm. 58) 35 Nr. 7. – Zur Begründung meiner Datierung der Fibel in das erste Drittel des 11. Jahrhunderts vgl. S. 64 f.

84 Schramm u. Mütherich (Anm. 56) Taf. 353. – H. Fillitz, Studien zur römischen Reichskrone. Jahrb. Kunsthist. Sammlungen Wien 50, 1953, Abb. 19.

85 Fillitz (Anm. 79) Taf. 6. – H. Kohlhausen, Europäisches Kunsthandwerk (1969) Abb. 31–32.

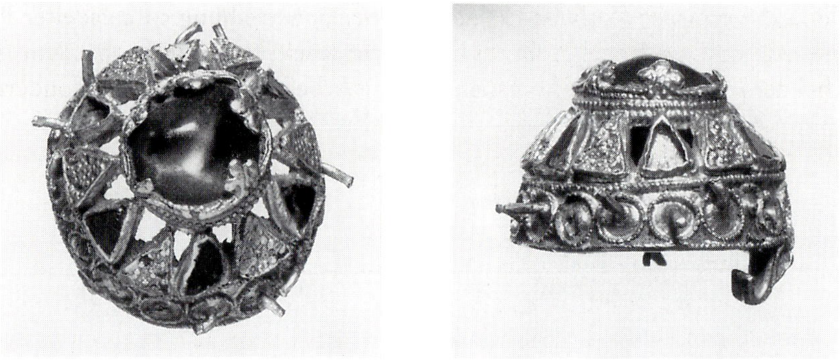

Abb. 17 Goldene Kegelfibel mit Saphireinlage aus Luxemburg. – Musées Royaux d'Art et d'Histoire Brüssel. – M = 2:1.

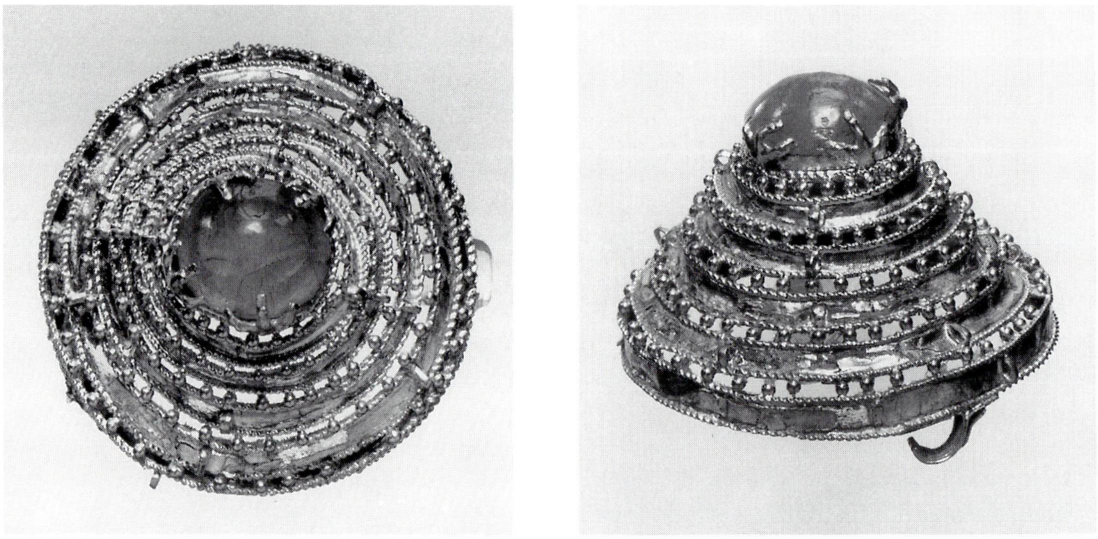

Abb. 18 Goldene Kegelfibel mit Saphir-Einlage aus Minden. – Mindener Museum. – M = 2:1.

die Luxemburger Kegelfibel in spätottonisch-frühsalische Zeit datiert[86] und als Vorläuferin der Mainzer Kegelfibeln betrachtet werden.

Um eine solche Vorläuferin handelt es sich auch bei der goldenen Kegelfibel aus Minden (Abb. 18), die von H. Westermann-Angerhausen mit Recht in die Regierungszeit Kaiser Konrads II. und damit zugleich in die Regierungszeit des Bischofs Sigebert von Minden (1022–1036) eingestuft wird[87].

Die hohe, steile Wand dieser Kegelfibel besteht aus schmalen Goldblechstreifen, die einst von aufgefädelten Perlschnüren umzogen waren und die von freistehenden dicken Goldkugeln getragen werden. Eine abgesetzte schmale Sockelzone besitzt diese Fibel nicht. Mit ihrem kleinen Saphir in der Mitte, der auf einem breiten Wandkegel aus Goldkugel- und Perlreihen thront, ähnelt sie noch den »altmodischen« Fibeln des 10. und frühen 11. Jahrhunderts, insbesondere der silbernen Tellerfibel aus Rennes (Abb. 19), die ein kleines, erhöhtes Mittelfeld und einen breiten Rand aus alternierenden silbernen Perldrähten und tordierten Golddrähten besessen hat[88]. Andererseits gleicht die Mindener Fibel mit ihren dreifingerigen Krallenfassungen und den dicken freitragenden Goldkugeln der Buckelfibel mit Trommelkranz aus Schleswig so sehr (vgl. Abb. 26), daß man sie ebenso wie diese in die Regierungszeit Konrads II. datieren darf. Wie bereits H. Westermann-Angerhausen betonte, spricht

86 Westermann-Angerhausen (Anm. 58) 36 Nr. 14.

87 H. Westermann-Angerhausen, Die Mindener Goldfibel. In: Ausgrabungen in Minden (1987) 189. – Darin korrigiert sie ihre früher vorgeschlagene Datierung in die Zeit Heinrichs II. und Konrads II. (Westermann-Angerhausen [Anm. 58] 21 ff. 36).

88 Bull. Soc. Antiqu. France 1883, 298 f.

dafür nicht zuletzt die typische Vorliebe für dichte Aneinanderreihung aufgefädelter Perlschnüre, die auch am Reichskreuz und am Bügel Konrads II. auf der Kaiserkrone zu beobachten ist[89]. Allerdings handelt es sich bei der Mindener Kegelfibel nicht um die Arbeit eines deutschen, sondern offensichtlich um die eines byzantinischen oder italienischen Goldschmieds. Das entscheidende Indiz für diese Zuweisung ist die Form des Außenrandes, der nicht stabil gearbeitet wurde, sondern aus einem Ring ganz lose aufgefädelter Perlen besteht. Solche Randeinfassungen sind typisch für byzantinische und fatimidische Schmuckstücke[90], kommen ansonsten aber nicht vor.

Von den etwas jüngeren Mainzer Kegelfibeln mit Trommelkranz hatte O. von Falke seinerzeit vermutet, daß sie sogenannte »Tasseln« gewesen seien, die von den Frauen paarweise auf den Schultern getragen wurden, um die Knoten der Mantelschnur zu verdecken. Diese These ist zwar bis heute immer wiederholt worden, hält aber einer Überprüfung keineswegs stand (siehe dazu S. 68ff.).

Abb. 19 Silberne Tellerfibel mit vergoldeten Perldrähten des 10./frühen 11. Jahrhunderts aus dem Bett der Vilaine in Rennes. – M = 1:1.

Buckelfibel mit Trommelkranz

Die meisten Argumente, die bereits für die Datierung der Mainzer Kegelfibeln in das mittlere 11. Jahrhundert angeführt wurden, gelten auch für die große Buckelfibel mit einem Kranz aus 16 kleinen Randtrommeln. Otto von Falke hat sie als »Fürspan« bezeichnet[91]. Diese Fibel beeindruckt insbesondere durch ihren Reichtum an Verzierungsformen sowie ein hohes Maß an Durchsichtigkeit und

89 Westermann-Angerhausen (Anm. 87) 188f.

90 Zu den byzantinischen Schmuckstücken mit locker aufgefädeltem Perlrand gehören u. a. die Ohrringe aus dem Schatzfund von Lambousa (A. u. J. Stylianou, The treasures of Lambousa [1969] Abb. 44), die Ohrringe, Fingerringe und Medaillons am Juwelenkragen des Schatzes von Preslav (T. Totev, Der Schatz von Preslav. Bull. Mus. Nat. Varna 22, 1986, Taf. 11–13; 15,1; 16,5–6), Ohrringe im Benaki Museum Athen (Segall [Anm. 33] Nr. 246 und 293), die Beutelohrringe aus dem Schatzfund von Tiberias (N. Brosh, Islamic jewellery [1987] 11), die dreieckigen Anhänger aus dem Schatz des 11. Jahrhunderts von Tarabia/Le Kef (G. Marçais u. L. Poinssot, Objets Kairouanais [1952] 477ff. Abb. 126 Taf. 69), aber auch die meisten Kolts aus russischen Schatzfunden des 12. Jahrhunderts (G. F. Korzuchina, Russkie klady IX–XIII vv. [1954] Taf. 35,3–4; 49,9–10; 57,1). Vereinzelte Funde aus Mitteleuropa, wie die goldene Buckelfibel aus Ungarn (M. Rosenberg, Geschichte der Goldschmiedekunst auf technischer Grundlage. Granulation [1918] Abb. 268) und den Fingerring aus dem gegen 1015/20 vergrabenen Schatz von Saaz (H. Preidel, Der Silberschatz von Saaz. Mannus 31, 1939, 538ff. Taf. 2,24) wird man durchaus als byzantinische Arbeiten ansprechen dürfen, zumal der Saazer Fingerring dem Fingerring mit scheibenförmigem Kopf und aufgefädeltem Perlrand aus dem Schatz von Preslav (Totev a. a. O. Taf. 16,5–6) auffällig ähnelt. Aus Byzanz stammt auch der mit aufgefädelten Perlen verzierte Almandinanhänger von Mikulčice in Mähren, dessen Fassung mit Kugelpyramiden verziert ist und der – ähnlich wie der Saphir der Kegelfibel aus Minden – von dreiblättrigen Krallen gehalten wird (K. Benda, Mittelalterlicher Schmuck [1966] 32).

91 von Falke (Anm. 90) 23ff. Abb. 18–19 Taf. 6,15.

Abb. 20 Vorder-, Seiten- und Unteransicht der großen Buckelfibel mit Trommelkranz aus dem Mainzer Schatz der Kaiserin Agnes (Kat. Nr. 9). – Kunstgewerbemuseum Berlin, Schloß Köpenick. – Dm. 8,5 cm

scheinbarer Leichtigkeit (Kat. Nr. 9, Taf. 8,1; 13,1; Abb. 20). Völlig zu Recht gilt sie als ein Meisterwerk der hochmittelalterlichen Goldschmiedekunst.

Gemeinsam mit einer Goldfibel aus dem belgischen Hasselt (Taf. 4,2)[92] und der angeblich in Schottland gefundenen Towneley Brooch (Taf. 4,1)[93] gehört sie zum Typ der Buckelfibeln mit Trommelkranz, die alle einen großen, flach gewölbten Mittelbuckel und einen schmalen Außenring aus kleinen Randtrommeln mit alternierenden Einlagen besitzen. Bei letzteren handelt es sich um mugelig geschliffene Edelsteine oder um Zellenemails, die mit filigranverzierten und perlenbekrönten Halbkugeln aus Goldblech abwechseln. In die Zwickel der Trommeln am Außenrand der Fibeln sind kleine Röhrchen eingestellt, die bei der Mainzer Fibel mugelige Türkise, sonst aber kleine Goldkugeln tragen. Alle drei Fibeln haben einen mit Filigranranken verzierten Buckel, der bei dem Mainzer Exemplar und der sogenannten Towneley Brooch zusätzlich von einer gewölbten Scheibe mit Zellenemails bekrönt wird; diese war ursprünglich von aufgefädelten Perlen umringt.

Über die Zeitstellung der Buckelfibeln mit Trommelkranz wurden bisher ziemlich widersprüchliche Ansichten geäußert. Otto von Falke rechnete den Mainzer »Fürspan« trotz seiner prunkvollen Wirkung nicht zum Krönungsschmuck der Kaiserin Gisela; er ordnete ihn der zweiten Gruppe von Schmuckstükken zu, die seiner Meinung nach in einem anderen Zusammenhang, aber immerhin zur gleichen Zeit wie jener entstanden sei[94]. E. A. Meyer, der als erster alle drei Fibeln zu einem Typ zusammenfaßte, datierte sie in den Anfang des 11. Jahrhunderts[95]. Unter dem Eindruck der Überlegungen, mit denen H. Fillitz und H. Decker-Hauff das hohe Alter der Kaiserkrone zu beweisen suchten[96], setzte E. Steingräber den »Fürspan« sogar in das späte 10. Jahrhundert[97]. Dagegen entschieden sich P. Schramm und F. Mütherich[98] sowie K. Flügel[99] pauschal für die Zeit um 1000. H. Westermann-Angerhausen wiederum schloß aus der Ähnlichkeit der Mainzer Fibel mit der sogenannten Kunigundenkrone (Abb. 21), daß der Fibeltyp zur Regierungszeit Kaiser Heinrichs II. entstanden sei[100], und M. Brandt sieht in der stilistischen Verwandtschaft mit den goldenen Gewandbordüren der Hildesheimer Madonna, die er für eine Schenkung Bischof Bernwards hält, eine Bestätigung für diesen Zeitansatz[101].

Eine kritische Prüfung der Details zeigt indes, daß alle diese Zuordnungen nicht aufrechtzuerhalten und die Buckelfibeln mit Trommelkranz insgesamt später, nämlich in die Mitte bis zweite Hälfte des 11. Jahrhunderts, einzustufen sind.

Ein besonders wichtiges Indiz dafür ist – ebenso wie schon bei den Kegelfibeln – die Tatsache, daß die unmittelbar aufeinandergelöteten zweizeiligen Achterschlaufen, aus denen die Trommelwände des Mainzer »Fürspans« und des Buckels der Towneley Brooch (Abb. 22) bestehen, erstmals im mittleren 11. Jahrhundert nachgewiesen werden können. Der Ohrring mit Kreuzanhänger aus dem nach 1063 vergrabenen Schatz von Niederlandin (vgl. Abb. 11) ist hier ebenso zu nennen wie die Perle aus dem in

92 C. Bamps u. A. Bequet, Découverte de bijoux carlovingiens. Ann. Acad. Roy. d'Arch. Belgique 51, 5ᵉ série, 1, 1889, 5. – Baron de Loë, Belgique ancienne 4 (1939) 55 Abb. 34. – Meyer (Anm. 82) 20 Abb. 3. – L'Art mérovingien. Kat. Brüssel (1954) 71 Taf. 46,4.

93 Meyer (Anm. 82) 20 Abb. 4. – O. M. Dalton, Proc. Soc. Antiqu. London 20, 1903–1905, 65 Abb. 2. – J. Evans, A history of jewellery 1100–1870 (1951) Taf. 1,2. – Steingräber (Anm. 81) Abb. 10. – P. Lasko, Ars Sacra 800–1200 (1972) 87. – M. M. Gauthier, Emaux du moyen âge occidentale (1972) 321 f. – F. Steenbock. Das Kreuz von Valasse. In: Festschr. H. Usener (1967) 45 Abb. 6. – H. Tait, Jewellery through 7000 years (1976) Nr. 259 Taf. 23. – Westermann-Angerhausen (Anm. 58) 35 Nr. 10 Abb. 16.

94 von Falke (Anm. 90) 23 ff.

95 Meyer (Anm. 82) 20.

96 H. Fillitz, Studien zur römischen Reichskrone. Jahrb. Kunsthist. Sammlungen Wien 50, 1953, 23 ff. – H. Decker-Hauff, Die »Reichskrone«, angefertigt für Kaiser Otto I. In: P. E. Schramm, Herrschaftszeichen und Staatssymbolik 2 (1955) 560 ff.

97 Steingräber (Anm. 77) 23 Abb. 6.

98 P. E. Schramm u. F. Mütherich, Denkmale der deutschen Könige und Kaiser (1962) Nr. 144 Taf. 371. – So auch: G. Friess, Edelsteine im Mittelalter (1980) 51.

99 K. Flügel, Einige Bemerkungen zum sogenannten »Gisela-Schmuck«. Forsch. u. Ber. Staatl. Museen Berlin 23, 1983, 12 ff. Taf. 2,6. – Dies., Schatzkunst des Mittelalters (1985) 8 Farbtaf. 1.

100 H. Westermann-Angerhausen, Ein ottonisches Schmuckstück aus dem Rheinland in Schleswig. Beitr. Schleswiger Stadtgesch. 22, 1977, 10 ff. Abb. 4. – Dies., (Anm. 58) 22 f. Abb. 6 und 9.

101 M. Brandt, »...und geziehret mit Edelgesteinen«. Zur großen Madonna im Hildesheimer Domschatz. In: Bernwardinische Kunst (1988) 208 f. Abb. 24. – Ders. (Hg.), Kirchenkunst des Mittelalters. Kat. Hildesheim (1989) 76 Abb. 57.

Abb. 21 Ansichten der Krone vom Reliquiar der hl. Kunigunde, um 1063/64. – Schatzkammer der Residenz, München. – Dm. 19 cm, H. 5 cm.

der Mitte des 11. Jahrhunderts versteckten Schatz von Degt'any [102] und der Dreitrommel-Ohrring aus Grab II von Fliessau, welcher aufgrund des dickstabigen Fingerringes mit spitzen Enden [103] in das mittlere 11. Jahrhundert datiert werden kann (s. S. 30 f.).

Frühestens aus dem mittleren 11. Jahrhundert stammen auch die emaillierten Kreispalmetten auf dem Buckel der Mainzer Fibel. Diese dreiblättrigen Palmetten sind nämlich keineswegs einfarbig, wie etwa die Palmetten der Mainzer Adler-Pfauenfibel (vgl. Taf. 9,1); sie besitzen vielmehr ein spitzovales Mittelblatt, das stets eine andere Farbe als die bläulichen Seitenblätter hat. Bei weißem Hintergrund ist es rot, bei rotem Hintergrund jedoch gelb gefärbt. Vergleichbare dreiblättrige Palmetten kommen erstmals an den Arkaden des um 1040 gestifteten Tragaltars der Gräfin Gertrud (Taf. 3,2) aus dem Welfenschatz [104] vor; sie schmücken aber auch noch einige emaillierte »Kolts« aus Kiever Schatzfunden des 12. Jahrhunderts [105].

Das zeltartige Gebilde der Mainzer Fibel, das so wirkt, als ob es über die untere Zone des Mittelbuckels gespannt und an den Zipfeln mit Perlen »festgenagelt« worden wäre, besitzt zudem sehr große Ähnlichkeit mit den rautenförmigen Zierformen auf den Platten der sogenannten Kunigundenkrone (Abb. 21). Bei dieser handelt es sich – wie R. Baumgärtel-Fleischmann überzeugend nachwies [106] – nicht um das Diadem der Kaiserin Kunigunde aus dem frühen 11. Jahrhundert, sondern lediglich um die Krone ihres Kopfreliquiars. Diese dürfte identisch sein mit jener Votivkrone, die Bischof Gunther um 1063/64 dem Petrus-Altar im Bamberger Dom gestiftet hat.

Daß die Mainzer Buckelfibel mit Trommelkranz keineswegs aus dem frühen 11. Jahrhundert stammen kann, wird auch darin deutlich, daß sie überhaupt keine Übereinstimmungen mit fest datierten Goldschmiedearbeiten aus der Zeit Heinrichs II. besitzt. Einige ihrer Verzierungselemente, wie etwa die Kleeblattfassungen aus Filigrandraht, die leicht gezähnte Zargenfassung der Emailscheibe, die steilen, hohen Drahtarkaden, auf denen der Mittelbuckel ruht, sowie die Vorliebe für Bergkristalle und Türkise kommen in dieser Kombination nicht vor dem mittleren Drittel des 11. Jahrhunderts vor. Denn das jüngere Mathildenkreuz, das Kreuz mit Senkschmelzplatten und die Krone der Essener Madonna, die man als Vergleichsstücke nennen könnte, sind ja keineswegs sicher datierte Kunstwerke der ottonischen Zeit, sondern weit eher ebenfalls dem mittleren 11. Jahrhundert [107] zuzuschreiben.

Alle drei Buckelfibeln tragen auf den Randtrommeln Halbkugeln, welche mit Filigrandrahtranken verziert, teils durchbrochen und stets von einer Perle bekrönt sind. Diese ähneln zwar den Perldrahthalbkugeln auf dem Halskragen der Hildesheimer Madonna, sind deshalb aber nicht – wie M. Brandt

102 Niederlandin: J. Herrmann u. P. Donat (Hg.), Corpus archäologischer Quellen zur Frühgeschichte 3 (1979) Nr. 59/56. – Degt'any: V. Borisovich Perkhavo, The West Slav Ornaments in the Hoard of Degt'any. Slovenská Arch. 33-2, 1985, 327 Abb. 7.

103 Fliessau, Grab II: R. Grenz, Die slawischen Funde aus dem hannoverschen Wendland (1961) 31 Taf. 12,9. – Zur Datierung des Ringes vgl. J. Giesler, Untersuchungen zur Chronologie der Bijelo Brdo-Kultur. Praehist. Zeitschr. 56, 1981, 101 f. Taf. 53,28.

104 P. M. de Winter, Der Welfenschatz. Zeugnis sakraler Kunst des Mittelalters (1986) Farbtafel S. 34 oben.

105 M. Artamonov, The Dawn of Art. The Hermitage Collection Leningrad (1974) Abb. 99–100. – Historische Schätze aus der Sowjetunion. Kat. Essen (1967) Nr. 352 Taf. 68. – Kievskij Muzej istoritschestich dragotsennostej, Kiev (1974) Abb. 95. – M. C. Ross, Early Christian and Byzantine Art. Kat. Baltimore (1947) 109 Taf. 73,528.

106 R. Baumgärtel-Fleischmann, Die sogenannte Kunigundenkrone. Münchner Jahrb. Bildende Kunst 32, 1981, 25 ff.

107 Die Zuweisung des jüngeren Mathildenkreuzes an die erste Essener Äbtissin Mathilde (971–1011) ist weder gesichert noch ganz überzeugend, weil die geometrischen Zellenschmelze in den gezähnten Zargenfassungen, die Diagonalkreuze aus tropfenförmigen Edelsteinen und die reiche Verwendung von Türkisen ebenso wie der angeblich erst Ende des 11. Jahrhunderts zugefügte gegossene Corpus Christi eher für eine spätere Entstehung zur Zeit der zweiten Äbtissin Mathilde sprechen (L. Küppers u. P. Mikat, Der Essener Münsterschatz [1966] Taf. 9–12). – Die von P. E. Schramm geäußerte These, daß es sich bei der Krone der Essener Madonna um die Kinderkrone Ottos III. handeln könnte (P. E. Schramm, Herrschaftszeichen und Staatssymbolik 2 [1955] 415 ff. – Schramm u. Mütherich [Anm. 98] 417 Nr. 81), kann nicht als Beweis dafür gewertet werden, daß die Krone tatsächlich so alt ist, denn deren Schmuckelemente deuten auf eine spätere Entstehungszeit hin (Vgl. dazu M. Schulze-Dörrlamm, Die Kaiserkrone Konrads II. [1990] 40 f.).

Abb. 22 Vorder-, Schräg- und Unteransicht der sogenannten Towneley Brooch. – British Museum, London. – M = 3:2.

1

4

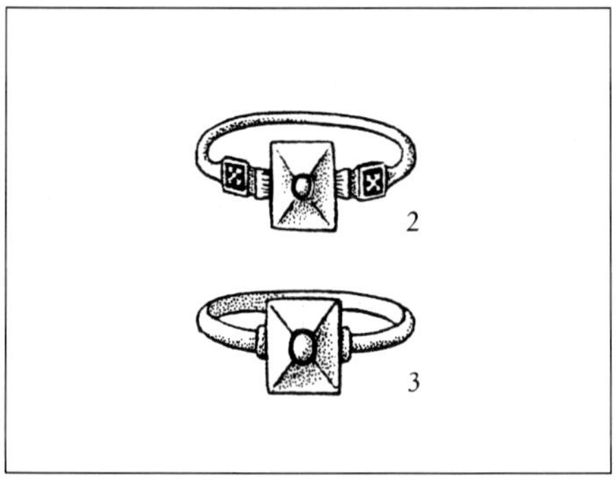

5

Abb. 23 Der Schatzfund von Hasselt, Belgien. – 1 Rekonstruktion der goldenen Buckelfibel mit Trommelkranz. – 2–3 Zwei Goldfingerringe mit pyramidenstumpfförmigem Kopf (nach De Loë). – 4 Schrägansicht des Mittelbuckels, vergrößert. – 5 Aufsicht zweier Randtrommeln, vergrößert. Brüssel, Musées Royaux d'Art et d'Histoire. – 1–3 M = 1:1

angesichts ihrer Verwandtschaft mit den vermeintlich ottonischen Mainzer Kegelfibeln vorschlug[108] – in spätottonische Zeit datierbar. Denn bei solchen durchbrochenen Halbkugeln handelt es sich um ein aus der fatimidischen oder byzantinischen Goldschmiedekunst übernommenes Zierelement, das dort nach Ausweis von Armringen und Ohrringen – wie jenen aus dem nach 1055 vergrabenen Schatz von Samsat[109] – erst im Laufe der ersten Hälfte des 11. Jahrhunderts in Mode gekommen war.

Die Buckelfibeln mit Trommelkranz tragen alle die gleichen Ranken, bei denen aus den volutenartig aufgerollten Zweigen langstielige Blüten herauswachsen. Diese Ranken bestehen bei der Towneley Brooch jedoch nicht aus Filigrandraht (Abb. 22), sondern aus hochkant stehenden Goldblechstreifen[110], genauso wie die Ranken auf den Armreliquiaren des Crispin und Crispinianus im Osnabrücker Domschatz aus der Zeit um 1100[111]. Daher liegt die Vermutung nahe, daß auch die Towneley Brooch relativ spät, wahrscheinlich erst in der zweiten Hälfte des 11. Jahrhunderts, geschaffen worden ist.

Mit etwas größerer Sicherheit kann man das von der goldenen Buckelfibel aus Hasselt (Abb. 23) behaupten. Die eigentümliche Zargenfassung mit aufgelegtem Zickzackdraht, in der ihr zentraler

108 M. Brandt, »...und geziehret mit Edelgesteinen«. Zur großen Madonna im Hildesheimer Domschatz. In: Bernwardinische Kunst (1988) 207 ff. Abb. 18 und 21. – Ders., Kirchenkunst des Mittelalters. Kat. Hildesheim (1989) 76 Abb. 60.

109 Vgl. die fatimidischen Armringe aus dem Iran und aus Syrien (E. Atil, W. T. Chase, P. Jett, Islamic metalwork in the Freer Gallery of Art [1985] Nr. 4–5. – Land des Baal. Kat. Berlin [1982] 284 Nr. 261) sowie den Ohrring aus Samsat (N. Özgüç, Sümeysat definesi. Belleten 195, 1985, 441 ff. Abb. 30), die Ohrringe des 11./12. Jahrhunderts im Metropolitan Museum (M. Jenkins u. M. Keene, Islamic Jewelry in the Metropolitan Museum of Art [1982] Nr. 40 und 43) und die Armringe auf der Ikone des hl. Georg von Botsch'orma aus dem 11. Jahrhundert (A. Dshawachischwili u. G. Abramischwili, Goldschmiedekunst und Toreutik in den Museen Georgiens [1986] Abb. 164).

110 Meyer (Anm. 82) 20.

111 W. Borchers, Der Osnabrücker Domschatz (1974) 45 ff. Taf. 34.

Edelstein sitzt, kommt nämlich bei einigen Fassungen des Osnabrücker Kapitelkreuzes (vgl. Abb. 42) aus der Zeit um 1070 vor[112], das zudem die gleiche Rankenornamentik sowie kleeblattförmige Edelsteinfassungen aus Filigrandraht aufweist, welche wiederum jenen der großen Randtrommeln des Mainzer »Fürspans« entsprechen. Vor allem lassen aber die Fundumstände darauf schließen, daß die Hasselter Fibel noch gegen Ende des 11. Jahrhunderts in Gebrauch gewesen sein dürfte. Man hat sie nämlich an der gleichen Stelle gefunden wie zwei Goldfingerringe mit pyramidenstumpfförmigem Kopf[113], einem charakteristischen Ringtyp des 12. Jahrhunderts[114]. Demzufolge war die Fibel Bestandteil eines kleinen Schatzes, der erst im frühen 12. Jahrhundert vergraben worden sein kann.
Bildliche Darstellungen bestätigen ebenfalls die Datierung der Buckelfibeln mit Trommelkranz in das mittlere 11. Jahrhundert. So trägt zum Beispiel die hl. Maria auf einer Miniatur des um 1050 gemalten Psalters von St. Germain-des-Prés (Abb. 24)[115] am Halsausschnitt ihres Kleides eine ähnliche Fibel mit großem Mittelfeld und einem schmalen, vereinfacht dargestellten Trommelkranz. Auch das Grundmu-

Abb. 24 Bildnis Mariens unter dem Kreuz. – Ausschnitt einer Miniatur im Psalter von St. Germain-des-Prés, um 1050 – Paris, Bibliothèque Nationale.

112 Borchers (Anm. 111) Taf. 8–21. – H. Westermann-Angerhausen, Westfälische Goldkreuze und ihre Voraussetzungen in Rheinland und Niedersachsen. In: Rhein und Maas. Kat. Köln (1973) 189. – Ornamenta Ecclesiae. Kat. Köln 3 (1985) H 27. – Th. Jülich, Gemmenkreuze. Aachener Kunstbl. 54–55, 1986–1987, 134 ff. Abb. 8–9. – E. Hürkey, Das Bild des Gekreuzigten im Mittelalter (1983) 219 Abb. 246.

113 Baron de Loë, Belgique ancienne 4 (1939) 55 f. Abb. 35.

114 Zu den ältesten sicher datierten Fingerringen dieses Typs gehört der Ring des Trierer Erzbischofs Albero von Montreuil, 1131–1152 (Schatzkunst Trier. Kat. Trier [1984] 119 Nr. 55c).

115 H. Fillitz, Das Mittelalter I. Propyläen Kunstgeschichte 5 (1969) Taf. 66. – L. Grodecki, F. Mütherich, J. Taralon u. F. Wormald, Die Zeit der Ottonen und Salier (1973) Abb. 200.

Abb. 25 Silberne Buckelfibel mit Bergkristall und Buckelkranz aus dem Schatz von Dörby, vergraben um 1100. – Statens Hist. Museum Stockholm. – M = 2:1.

ster der Fibeln, das aus einem großen Kreis besteht, welcher von kleinen Kreisen umringt ist, war im mittleren 11. Jahrhundert offenbar recht beliebt. Dieses Motiv erscheint nämlich als Eckverzierung einer Miniatur des Speyerer Evangeliars Heinrichs III., das zwischen 1043 und 1046 entstand [116].

Die großen Buckelfibeln mit Trommelkranz waren schließlich auch Vorbilder für einfachere Typen, wie die kleine silberne Buckelfibel mit Buckelrand aus Söderköping [117] oder die silberne, mit einem Bergkristall verzierte Fibel aus Dörby (Abb. 25), die einen schmalen Rand aus Filigrandrahtkegeln besitzt und in einem gegen 1100 vergrabenen Schatz zutage kam [118]. Solche Buckelfibeln mit Buckelrand blieben dann – wie die mit Spiralranken verzierten Exemplare in Stockholm [119] und in Oslo [120] beweisen – in Skandinavien bis in das 12./13. Jahrhundert hinein modern; selbst die Gestaltung von Fingerringen jener Zeit [121] wurde anscheinend durch sie beeinflußt.

Eine eigentümliche Sonderstellung zwischen den Buckelfibeln mit Trommelkranz und den Kegelfibeln mit Perlrand nimmt jene Goldfibel ein, die vor einigen Jahren in Schleswig gefunden wurde (Abb. 26) [122]. Ihr kleiner Mittelbuckel besteht aus Perldrahtringen, die teils von dicken, freistehenden Goldkugeln, teils von Goldblechösen getragen werden, durch welche einst aufgefädelte Perlschnüre hindurchgezogen worden sind. In den breiten Randtrommeln aus Filigrandrahtarkaden sitzen abwechselnd blaue beziehungsweise grüne Glasflüsse in Schlaufenfassung und kleine, runde Glasperlen, die – den vier kreuzförmig gestellten Goldblechösen zufolge – ursprünglich von aufgefädelten Perlen umringt waren. Ebenso wie alle anderen Buckel- und Kegelfibeln hat auch das Schleswiger Exemplar keine Bodenplatte.

116 A. Boeckler, Das goldene Evangelienbuch Heinrichs III. (1933) Taf. 95.

117 S. Tesch, Vid Störåns kant. Riksantiqv. Rapport VV 1985: 18,41 Abb. 18. – Ders., Söderköping, in: 7000 år på 20 år Stockholm (1987) 281 Abb. 8.

118 A. Weixlgärtner, Das Reliquiar mit der Krone im Staatlichen Historischen Museum zu Stockholm. Kungl. Vitterhets och Antiqv. Akad. Handlingar, Antiqv. Ser. 1, 1954, 26 Abb. 4. – E. Steingräber, Alter Schmuck (1956) 26 Abb. 15.

119 Meyer (Anm. 82) 21 Abb. 6.

120 Meyer (Anm. 82) 21 Abb. 7.

121 Vgl. die goldenen Fingerringe mit Scheibenkopf und Trommelkranz aus Gandarfve, Kasle und Amunde auf Gotland (H. Hildebrand, Månadsblad 1880, 86f. Abb. 47–49).

122 Westermann-Angerhausen (Anm. 100) 7ff. Abb. 1–3. – Schleswig-Holstein in 150 archäologischen Funden. Kat. Schleswig (1986) Nr. 134.

Abb. 26 Goldene Buckelfibel mit Trommelkranz aus Schleswig. – Archäologisches Landesmuseum der Christian-Albrechts-Universität, Schloß Gottorf, Schleswig. – M = 2:1.

Im Aufbau des Mittelbuckels aus alternierenden Reihen freitragender Goldkugeln und aufgefädelter Perlen gleicht es der byzantinischen Kegelfibel aus Minden (vgl. Abb. 18). Daß wohl auch die Schleswiger Fibel von einem aus Byzanz oder Italien stammenden Goldschmied angefertigt worden sein dürfte, lassen die Breitfassungen der Glasperlen mit ihrem Bering aus aufgefädelten Perlen vermuten, welche von nur vier kreuzförmig angeordnete Goldblechösen gehalten wurden. Bei diesem Detail handelt es sich nämlich um ein ganz charakteristisches Schmuckelement der byzantinischen Goldschmiedekunst, das in Deutschland auffällig spät und sehr selten, nämlich nur bei dem Dionysius-Kreuz von Enger aus der Zeit um 1100 nachweisbar ist[123].

Ebenso wie bei der Mindener Kegelfibel spricht auch bei der Schleswiger Fibel die dichte Aneinanderreihung aufgefädelter Perlschnüre, die an den Schmuck des Reichskreuzes erinnert (vgl. Abb. 55), für eine

123 Ähnliche Kreise aus aufgefädelten Perlen schmückten z. B. den Fingerring des 7. Jahrhunderts aus Byzanz (M. C. Ross, Catalogue of the Byzantine and Early Medieval antiquities in the Dumbarton Oaks Collection 2. Jewelry, enamels and art of the Migration period [1965] 61 Taf. 45,72), einen goldenen Schmuckanhänger des 7. Jahrhunderts im Ungarischen Nationalmuseum (E. Garam, Arch. Ert. 105, 1978, 206ff. Abb. 2,4), ein byzantinisches Ohrringpaar des 8./9. Jahrhunderts aus Neapel (O. von Falke, Sammlung Marc Rosenberg [1929] 27 Nr. 117 Taf. 9), die Medaillons der Ikone Maria Orans von Chobi aus dem 10. Jahrhundert (A. Dshawachischwili u. G. Abramischwili, Goldschmiedekunst und Toreutik in den Museen Georgiens [1986] Abb. 123–124), die Emails der Krone des Kaisers Leon VI. (886–912) in Venedig (H. Hellenkemper [Hg.], Der Schatz von San Marco in Venedig. Kat. Köln [1984] 125ff.), die byzantinische Löwenfibel des 10. Jahrhunderts aus Preslav (A. Ančev, La Bulgarie médiévale. Kat. Paris [1980] 126 Abb. 233) und einen Kolt von Kiev aus dem 12. Jahrhundert (K. Benda, Mittelalterlicher Schmuck [1966] Taf. 85). – Zum Dionysius-Kreuz von Enger vgl. E. Brepohl, Theophilus Presbyter und die mittelalterliche Goldschmiedekunst (1987) Abb. 56,2.

Datierung in die Zeit Konrads II.[124] Zudem besitzt die Schleswiger Goldfibel noch eine »altmodischere« Proportion als alle anderen Buckelfibeln mit Trommelkranz des mittleren 11. Jahrhunderts, denen sie zeitlich unmittelbar vorangeht. Sie steht am Übergang von den typischen Fibeln der Ottonenzeit, die – wie später noch zu zeigen sein wird – ein kleines Mittelfeld und eine breitere Randzone aufweisen, zu den »modernen« Fibeln, für die ein großes Mittelfeld und eine sehr schmale Randzone charakteristisch sind und die die älteren Typen erst zu Beginn der Salierzeit völlig verdrängten[125].

Buckelfibel mit Perlrand

Bei der kleinsten aller Fibeln des Mainzer Schatzfundes von 1880 mit einem Durchmesser von nur 2,5 cm handelt es sich um eine Buckelfibel mit einem Perlrand, der leider nicht mehr erhalten ist (Kat. Nr. 10, Taf. 7,4; 13,2; Abb. 27). Im Scheitelpunkt ihres aus horizontalen Goldblechstreifen gebildeten Buckels saß eine Perle in Zargenfassung, umringt von einem Wellenband aus dünnem Goldblech, die das Zentrum einer gewölbten Zellenemailscheibe bildete. Auf dieser ist ein griechisches Kreuz mit getreppten Armen aus durchscheinend grünem Email zu sehen, das sich von einem dunkelblauen Hintergrund abhebt und in das ein kleineres Kreuz mit dreieckigen Armen in opakem Weiß einbeschrieben ist. Ein Ring aus aufgefädelten kleinen Perlen trennte einst diese Emailscheibe von der unteren Zone des Fibelbuckels, die flächig granuliert und mit acht ovalen Glasflüssen in gezähnten Zargenfassungen besetzt ist. Schon bei der Auffindung im Jahre 1880 waren diese Perlchen ebenso verloren wie jene Perlen, die am Fibelrand zwischen vorspringenden Goldblechösen gesessen hatten.

Abb. 27 Vorder-, Seiten- und Unteransicht der kleinen Buckelfibel mit Perlrand aus dem Mainzer Schatz der Kaiserin Agnes (Kat. Nr. 10). Kunstgewerbemuseum Berlin, Schloß Köpenick. – M = 2:1.

Während Otto von Falke dieses kleine Juwel wegen der Flächengranulierung zur zweiten Schmuckgruppe des Schatzes und in die Regierungszeit Konrads II. datiert hatte[126], wurde in den letzten Jahren die Vermutung geäußert, daß es bereits unter Heinrich II. im frühen 11. Jahrhundert entstanden sein könnte[127]. Dagegen sprechen indes vor allem zwei Details, nämlich die von einem Wellenband umringte Perle auf der Kuppe des Fibelbuckels, die sonst nur noch bei den zweiseitig verzierten Mainzer Halbmondohrringen aus dem mittleren Drittel des 11. Jahrhunderts (Taf. 7,3b), beim Kreuz der Äbtissin Theophanu (Abb. 28) in Essen (1039–1056)[128] sowie bei dem gegen 1070 geschaffenen Osnabrücker

124 Westermann-Angerhausen (Anm. 100) 17 Abb. 1–3. – Dies., (Anm. 58) 36 Nr. 19.

125 M. Schulze-Dörrlamm, Kreuze mit herzförmigen Armen. Die Bedeutung eines Ziermotivs für die Feinchronologie emaillierter Bronzefibeln des Hochmittelalters. Arch. Korrbl. 18, 1989, 412 ff.

126 O. von Falke, Der Mainzer Goldschmuck der Kaiserin Gisela (1913) 24 ff.

127 K. Flügel, Zur Geschichte des Gisela-Schmuckes. Neue Museumskunde 13, 1970, 50. – H. Westermann-Angerhausen, Ottonischer Fibelschmuck, neue Funde und Überlegungen. Jewellery Studies 1, 1983–1984, 36.

128 H. Küppers u. P. Mikat, Der Essener Münsterschatz (1966) Taf. 22.

Abb. 28 Detailansicht des Kreuzes der Essener Äbtissin Theophanu (1039–1056). – Münsterschatz Essen (nach Küppers u. Mikat).

Kapitelkreuz[129] nachzuweisen ist. Außerdem kommen leicht gezähnte Zargenfassungen, in denen die Glasflüsse und die gewölbte Emailscheibe des Buckels sitzen, bei den Goldschmiedearbeiten aus der Zeit Kaiser Heinrichs II. noch nicht vor[130]. Und schließlich ähnelt die Ausschmückung des Fibelbuckels mit einer gewölbten und von aufgefädelten Perlen umringten Emailscheibe jener der Mainzer Buckelfibel mit Trommelkranz (Kat. Nr. 9, Abb. 20) und jener der sogenannten Towneley Brooch (Abb. 22) so sehr, daß die kleine Mainzer Fibel sicher nicht in spätottonischer, sondern erst in salischer Zeit entstanden sein kann.

Eine angeblich aus Ungarn stammende Parallele wurde bis zum Zweiten Weltkrieg im Berliner Völkerkundemuseum aufbewahrt (Abb. 29)[131] und ist seitdem verschollen[132]. Auch den Buckel dieser Goldfibel zierte eine kleine Perle. Im Unterschied zur Mainzer Fibel war dieser Buckel aber nicht horizontal gegliedert, sondern mit großen, granulierten und emaillierten »Blättern« bedeckt, die einst von bogenförmigen Perlschnüren umzogen waren. Eine Schnur aus aufgefädelten Perlen, die von wenigen Goldblechösen gehalten wurde, umgab außerdem den unteren Fibelrand. Sie beweist die byzantinische Herkunft dieses Schmuckstücks. Wegen ihrer bogenförmigen Perlschnüre, die denen auf dem Bügel der deutschen Kaiserkrone (vgl. Abb. 85) ähneln[133], wird man die Buckelfibel aus Ungarn ungefähr in die Zeit Konrads II. einstufen dürfen.

Abb. 29 Goldene Buckelfibel mit aufgefädeltem Perlrand aus Ungarn. – Verschollen (nach M. Rosenberg). – M = 1,5:1.

Einige Zierelemente der Mainzer Fibel, wie die leicht gezähnten Zargenfassungen und die von einem Wellenband umringte Perle, finden sich auch bei den zweiseitig verzierten Mainzer Halbmondohrringen (Kat. Nr. 3–4, Abb. 2,3–4). Diesen gleicht sie aber vor allem wegen ihres Randes aus aufgefädelten Perlen so sehr, daß sie mit diesen ursprünglich ein Schmuckensemble gebildet haben dürfte (Abb. 30). Dafür, daß die Buckelfibel – ebenso wie das Ohrringpaar – von einem byzantinischen oder italienischen Goldschmied hergestellt wurde, sprechen gewisse Gemeinsamkeiten mit den zwei byzantinischen Goldkegelfibeln in London[134] und Hamburg[135], die ja ebenfalls einen ganz geschlossenen Buckel aus

129 H. Westermann-Angerhausen, Westfälische Goldkreuze und ihre Voraussetzungen im Rheinland und Niedersachsen. In: Rhein und Maas. Kat. Köln (1973) 187f. Abb. 13. – Ornamenta Ecclesiae Kat. Köln 3 (1985) H 27.

130 Das gilt auch für die Goldscheibenfibel von Dowgate Hill mit ihrem in einer gezähnten Zargenfassung sitzenden Mittelbuckel aus Zellenschmelz, die bisher fälschlich in das frühe 11. Jahrhundert datiert wurde (zuletzt Westermann-Angerhausen [Anm. 127] 29f.; 35 Abb. 18). Daß auch diese Fibel frühestens in den dreißiger Jahren des 11. Jahrhunders entstanden sein kann, beweist ihr Rand aus Spiralranken mit lose eingestreuten Goldkügelchen. Die gleiche Rankenornamentik findet man nur auf gotländischen Goldbrakteaten, die mit drei stilisierten Vögeln verziert (W. Holmqvist, Övergangstidens Metallkonst [1963] Abb. 47–54) und wegen ihres schmalen Randes aus Achterschlaufen – analog zu den ähnlich verzierten jüngeren Terslev-Fibeln – in die Zeit nach 1030 zu datieren sind. Zeitlich folgen diese mit Spiralranken geschmückten Goldbrakteaten auf die älteren, mit rein geometrischen Mustern versehenen gotländischen Brakteaten des frühen 11. Jahrhunderts, die noch keinen Rand aus Achterschlaufen besitzen (vgl. M. Stenberger, Die Schatzfunde Gotlands der Wikingerzeit 2 [1948] Abb. 57,1; 58,1–3; 59–63).

131 M. Rosenberg, Geschichte der Goldschmiedekunst auf technischer Grundlage. Granulation (1918) Abb. 26. – Ders., Zellenschmelz (1922) Abb. 8. – O. von Falke, Sammlung M. Rosenberg (1929) Abb. 139.

132 Freundliche Mitteilung von Herrn Dr. Wulf Köpke, Museum für Völkerkunde Berlin.

133 H. Fillitz, Die Schatzkammer in Wien (1986) Taf. 2.

134 Westermann-Angerhausen (Anm. 127) Abb. 11.

135 E. Steingräber, Alter Schmuck (1956) Abb. 13. – J. Wolters, Die Granulation (1983) Abb. 205. – Ders., Filigran. RDK 94 (1986) 1094 Abb. 19.

Abb. 30 Rekonstruktion des byzantinischen Schmuckensembles aus dem Mainzer Schatz der Kaiserin Agnes. – M = 1:1.

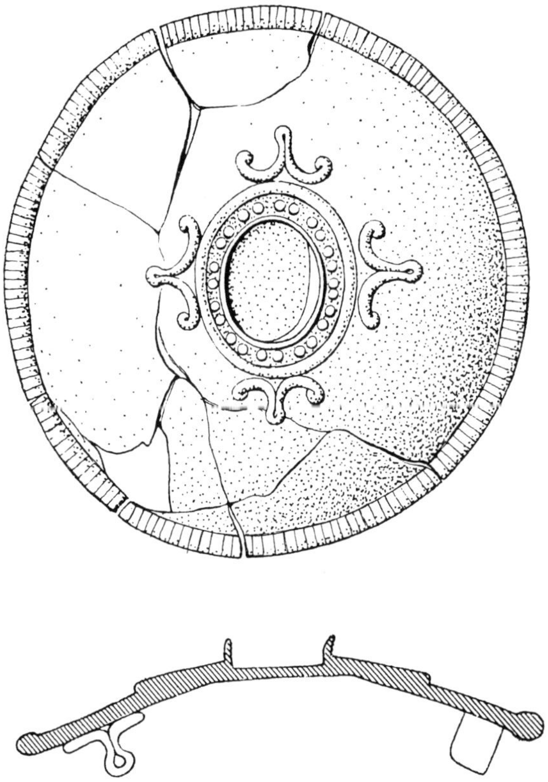

Abb. 31 Bronzene Buckelfibel des späten 7. Jahrhunderts aus Grab 72 von Grancia, Italien (nach O. von Hessen). – M = 1:1.

Goldblech und einen Rand aus aufgefädelten Perlen besitzen, welche von vorspringenden Goldblechösen gehalten werden. Auch die Tatsache, daß das scheinbar so einfache Kreuzmotiv in Zellenemail – ein gleicharmiges Kreuz mit getreppten Armen und einem einbeschriebenen Kreuz mit dreieckigen, getreppten Armen – in Mitteleuropa keine Parallele besitzt[136], erhärtet den Verdacht, daß die Mainzer Buckelfibel mit Perlrand aus Byzanz oder Italien stammen, zumindest aber das Werk eines dort beheimateten Goldschmieds sein dürfte. Immerhin handelt es sich bei den Buckelfibeln ohne Bodenplatte um einen Typ, der – wie Funde aus den Gräberfeldern im Raum Grosseto, vor allem aus Grab 72 von Grancia (Abb. 31) zeigen[137] – schon seit dem späten 7. Jahrhundert im Mittelmeerraum gebräuchlich war.

Adler-Pfauenfibeln

Auf den ersten Blick wirken die beiden großen scheibenförmigen Adler-Pfauenfibeln aus Goldblech (Kat. Nr. 11–12, Taf. 9; Abb. 32–33) auf den Betrachter wohl etwas altertümlicher als die sechs Kegel- und Buckelfibeln des mittleren 11. Jahrhunderts. Daß dieser Eindruck trügt, wird sich bei näherer Betrachtung zeigen.

Die größere der beiden, die im Volksmund »Giselafibel« genannt und im Landesmuseum Mainz aufbewahrt wird[138], ist der Prototyp einer Fibelform, von der bislang nur insgesamt drei Exemplare bekannt sind, die überdies alle aus Mainz stammen. Neben der »Giselafibel« sind dies: eine kleinere Fibel aus Gold, heute im Kunstgewerbemuseum auf Schloß Köpenick, sowie eine Bronzefibel mit rot-grünen Emaileinlagen (Abb. 35), die sich im Mainzer Landesmuseum befindet[139].

Jenes eigentümliche Exemplar jedoch, das H. Swarzenski im Jahre 1953 als »Giselafibel« publiziert hat[140] und dessen Herkunft und Verbleib[141] gänzlich unbekannt sind (Abb. 34), dürfte angesichts der groben, geradezu primitiv anmutenden Machart wohl eine Fälschung sein.

Zu den gemeinsamen Kennzeichen der drei echten durchbrochenen Scheibenfibeln zählt die heraldische Darstellung eines »Adlers« in Frontalansicht mit einer Pfauenkrone, gespreizten Fängen, ausgebreiteten Flügeln und Schwanzfedern, aus denen ein stilisiertes Pfauenrad herauswächst und den Vogel ringförmig umschließt. Ebenso wie bei der bronzenen sind auch bei den goldenen Fibeln nur der Kopf, die Flügel und der Schwanz, nicht aber der gravierte, teils niellierte Leib und die mit Perldrähten verzierten Fänge des Tieres mit Emails bedeckt. Während das stilisierte Pfauenrad bei der großen Fibel aus durchbrochenem Goldblech mit symmetrischen Perldrahtranken besteht, handelt es sich bei der kleinen Goldfibel lediglich um einen Goldblechstreifen, der mit einem Band aus rhombischen Edelsteinen zwischen

136 Selbst die Zellenemails auf dem Stamm des jüngeren Mathildenkreuzes in Essen stimmen zwar in den Farben, aber nicht im Motiv überein (Küppers u. Mikat [Anm. 128] Taf. 14).

137 G. Maetzke, Necropoli »barbariche« nel territorio Grossetano. Not. Scavi 13, 1959, 66 ff. Abb. 13. 16. 18 und 20. – O. von Hessen, Primo contributo alla archeologia longobarda in Toscana (1971) Taf. 43. – Vgl. auch die goldene byzantinische Buckelfibel aus Grab 9 von Keszthely-Fenékpuszta (L. Barkóczi, Das Gräberfeld von Keszthely-Fenékpuszta aus dem 6. Jahrhundert und die Bevölkerungsverhältnisse am Plattensee. Jahrb. Römisch-Germanisches Zentralmuseum 18, 1971, 182 Taf. 78,3).

138 A. v. Knorre, in: 1000 Jahre Mainzer Dom. Kat. Mainz (1975) Nr. 3 Abb. 4.

139 M. Rosenberg, Geschichte der Goldschmiedekunst auf technischer Grundlage. Zellenschmelz (1922) 58 Abb. 82. – K. H. Esser, Mittelalterliche Werke aus dem Mainzer Raum. Kat. Mainz (1959) Nr. 46 Abb. 8. – L. Falck, Geschichte von Mainz im frühen Mittelalter. Führer zu vor- und frühgeschichtlichen Denkmälern 11 (1969) 95 Abb. – J. Giesler, Ottonischer Emailschmuck. In: J. Hoops, Reallexikon der Germanischen Altertumskunde 7 (1989) 238 Abb. 60d.

140 H. Swarzenski, Monuments of Romanesque Art (1953) 41 Abb. 56.

141 Die Fibel befindet sich weder im Landesmuseum Mainz, noch im Museum Wiesbaden oder im Hessischen Landesmuseum Darmstadt, und auch nicht in den Berliner Kunstgewerbemuseen. Für freundliche Auskünfte danke ich Herrn Dr. W. Selzer, Mainz, Herrn Dr. B. Pinsker, Wiesbaden, Herrn Dr. C. B. Heller, Darmstadt und Herrn Prof. Dr. D. Kötzsche, Berlin. – Den Nachforschungen des Freiherren L. C. von Heyl, Heidelberg, zufolge war diese Fibel auch nicht im Besitz des Generals Max von Heyl. Ein Inventar seiner Privatsammlung, das 1930 von seiner Witwe erstellt wurde, enthält zwar einen Hinweis auf einen seltenen Adler aus Eisen, der in Mainz gefunden wurde, aber mit der fraglichen Fibel sicher nicht identisch ist.

Abb. 32 Vorder- und Unteransicht der großen goldenen Adler-Pfauenfibel aus dem Mainzer Schatz der Kaiserin Agnes (Kat. Nr. 11), Landesmuseum Mainz. – M = 1:1.

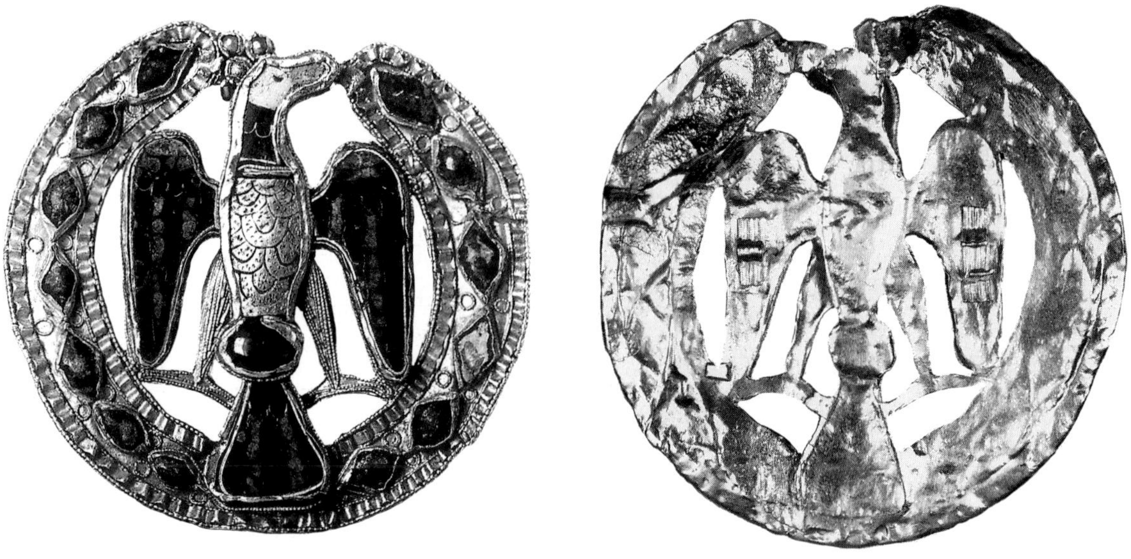

Abb. 33 Vorder- und Unteransicht der kleinen goldenen Adler-Pfauenfibel aus dem Mainzer Schatz der Kaiserin Agnes (Kat. Nr. 12). – Kunstgewerbemuseum Berlin, Schloß Köpenick. – M = 1:1.

Abb. 34 Fälschung einer Adler-Pfauenfibel. – Größe und Verbleib unbekannt.

paarigen Perldrahtringen verziert ist. Die Ränder des Pfauenrades umzieht bei beiden Fibeln ein Wellenband aus Goldblech. Ein besonders auffälliges Merkmal ist das ovale Medaillon zwischen Vogelleib und Schwanzfedern, das bei der größeren Goldfibel mit blauem und grünem, translucidem Zellenschmelz, bei der kleineren mit einem mugeligen Almandin geschmückt ist. Die Bronzefibel (Abb. 35) besitzt dagegen ein ringförmig geschlossenes »Pfauenrad«, das durch vier Kreuzarme aus gegenständigen Dreiecken mit Grubenemail gegliedert und mit den Reliefs von vierfüßigen Einzeltieren verziert wird.

Abb. 35 Bronzene Adlerfibel mit Emaileinlagen aus Mainz, erstes Viertel des 11. Jahrhunderts. – Landesmuseum Mainz. – M = 1:1.

Seit dem Tag ihrer Auffindung wurden die Schmuckstücke stets als »Adlerfibeln« bezeichnet, obwohl die Pfauenkrone und das Pfauenrad des Vogels eigentlich kaum zu übersehen sind. Die Schlußfolgerung von P. Lasko, daß sie keine Adler-, sondern Pfauenfibeln seien[142], ist jedoch auch nicht richtig. Denn Pfauen wurden in der hochmittelalterlichen Kunst zwar durchaus in Frontalansicht, aber niemals mit gespreizten Fängen und höchst selten mit ausgebreiteten Flügeln dargestellt[143]. Offensichtlich handelt es sich bei dem Vogel um ein Mischwesen aus Adler und Pfau, dem eine zutiefst christliche Bedeutung zukommt. Der Pfau symbolisierte das Ewige Leben[144] und der auffliegende Adler die Auferstehung und Himmelfahrt Christi[145]. Das schließt natürlich nicht aus, daß dieser gekrönte Vogel zugleich als kaiserliches Hoheitszeichen angesehen wurde. Immerhin stellt der Mainzer Pfauenadler den unmittelbaren heraldischen Vorläufer des Reichsadlers dar[146], der in staufischer Zeit konkret faßbar wird und seine Gestalt als Wappentier im Prinzip bis heute kaum mehr verändert hat.

142 P. Lasko, Ars Sacra 800–1200 (1972) 57f.

143 Vgl. die Pfauen im Evangeliar Ottos II. in Aachen aus der Zeit um 990 (G. Schiller, Ikonographie der christlichen Kunst 2 [1966] Abb. 186) und im Evangeliar Heinrichs des Löwen (E. Klemm, Das Evangeliar Heinrichs des Löwen [1988] Taf. 3), auf der Apsiswand des 1031 vollendeten Domes von Aquileja (G. Niemann u. H. Swoboda, Der Dom von Aquileja [1906] 83f. Taf. 14), auf dem Seidenstoff von St. Cuthbert in der Kathedrale von Durham und auf den Stoff-Fragmenten von Canterbury (G. Robinson u. H. Urquart, Seal bags in the Treasury of the Cathedral of Canterbury. Archaeologia 84, 1934, 163ff. Abb. 2 und 7), auf dem Reliquienbeutel von Beromünster (B. Schmedding, Textilien in Kirchen und Klöstern der Schweiz [1978] 27f. Nr. 13) sowie die Pfauen auf venezianischen Fassadenmedaillons (Z. Świechowski, A. Rizzi u. R. Hamann-Mac Lean, Romanische Reliefs von venezianischen Fassaden [1982] Abb. 214, 699 und 845).

144 Lexikon für Theologie und Kirche 8 (1963) 415.

145 Lexikon für Theologie und Kirche 1 (1957) 147. – H. Kalenbach, Adler. RDK 1 (1937) 172ff. – L. Wehrhahn-Stauch, Aquila-Resurrectio. Zeitschr. f. Kunstwiss. 21, 1967, 105ff.

146 von Falke (Anm. 126) 15. – J. E. Korn, Adler und Doppeladler (1967) 37ff. – Vgl. etwa auch die vor 1150 entstandenen Adlermosaiken von San Marco in Venedig (X. Barral y Altet, Les mosaiques de pavement médiévales de Venise, Murano, Torcello [1985] 78 Abb. 80).

Abb. 36 Deckel einer Elfenbeinpyxis aus Madinat-az-Zahra, Spanien, um 965 – Victoria and Albert Museum London. – Dm. 10 cm.

Die spezifische Form der heraldischen Darstellung ist offenbar der islamischen Kunst entlehnt[147], wo Adler in Frontalansicht mit ausgebreiteten Schwanzfedern und Fängen, welche oftmals Beutetiere halten, schon im 10. Jahrhundert üblich waren. Das belegen unter anderem ein Steinrelief und eine Elfenbeinpyxis aus Madinat-az-Zahra (Abb. 36) in Spanien[148], eine Lüsterschale der Zeit um 1000 im Metropolitan Museum[149] oder auch ein Steinrelief aus Marrakesch, das zwischen 1002 und 1007 entstanden ist[150]. Anders als in der islamischen Kunst wurden damals im byzantinischen Raum Adler vorwiegend mit nach unten greifenden Fängen dargestellt[151].

147 J. Deér, Adler aus der Zeit Friedrichs II: Victrix Aquila. In: P. E. Schramm, Kaiser Friedrichs II. Herrschaftszeichen (1955) 90.

148 E. Kühnel, Die islamischen Elfenbeinarbeiten VIII–XIII. Jahrhundert (1971) Taf. 17,27. – M. Jenkins, Muslim: Early Fatimid Ceramist. Bull. Metropolitan Mus. of Art 26, 1968, Abb. 8.

149 Jenkins (Anm. 148) Abb. 2.

150 R. Menendez Pidal, Historia de Espana 4 (1950) 443 Abb. 328.

151 G. Cavallo, V. von Falkenstein u. a., I bizantini in Italia (1982) Abb. 147. – A. Grabar, Sculptures byzantines du Moyen Age II (XIe–XIVe siècle) (1976) Taf. 42 und 59. – Gesta 9/1, 1970, 52 Abb. 11. – M. Wackernagel, Die

Das Alter der Mainzer Adler-Pfauenfibeln ist seit langem heftig umstritten. Kurz nach ihrer Entdeckung im Jahre 1880 bestand zunächst Einhelligkeit darüber, daß es sich um Arbeiten des 11. Jahrhunderts handeln müsse[152]. Die von O. von Falke vertretene These, daß die große »Adlerfibel« zum Krönungsornat der Kaiserin Gisela gehört habe und deshalb in die Zeit um 1025 zu datieren sei[153], schien einstweilen zu überzeugen. Sie wurde dann allerdings von H. Fillitz[154] und H. Decker-Hauff[155] angefochten, die beide glaubten, daß die Platten der Kaiserkrone schon unter Otto I. entstanden seien und der Mainzer Krönungsornat somit einschließlich der »Adlerfibeln« auch in das späte 10. Jahrhundert gehören müsse. Dieser Ansicht schlossen sich seither die meisten Wissenschaftler an[156], während sich P. Lasko mit seiner Meinung, daß die große Mainzer »Pfauenfibel« sogar schon in karolingischer Zeit gefertigt worden sei[157], nicht durchsetzen konnte.

Eine gründliche Überprüfung von Formgebung und Verzierungselementen der goldenen Adler-Pfauenfibeln zeigt jedoch, daß sie nicht in ottonischer Zeit entstanden, sondern in das zweite Viertel, spätestens in das mittlere 11. Jahrhundert, zu datieren sind. Gegen P. Laskos kühne These, daß die große Mainzer Fibel karolingisch sei, die er mit der Ähnlichkeit zwischen dem Pfauenrad und der Ornamentik einer Handschrift aus der Hofschule Karls des Großen begründete[158], ist grundsätzlich einzuwenden, daß es in der Karolingerzeit überhaupt keine Adlerfibeln gegeben hat. Zwischen den gotischen Adlerfibeln des 5./6. Jahrhunderts, die von Frauen als Kleid- und nicht als Mantelverschluß getragen wurden, und den Mainzer Adler-Pfauenfibeln klafft vielmehr eine Lücke von fast 500 Jahren. Von einem ungebrochenen Traditionsstrang, der manchmal beschworen wird[159], kann also keineswegs die Rede

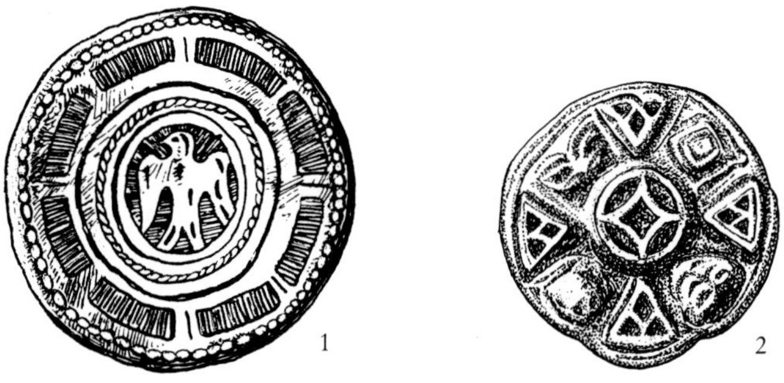

Abb. 37 Emaillierte Bronzescheibenfibeln des späten 10. bis frühen 11. Jahrhunderts – 1 Adlerscheibenfibel aus Grab 100 von Ptuj, Jugoslawien (nach Korošec). – 2 Kreuzscheibenfibel aus Mainz (Privatbesitz). – M = 1:1.

Plastik des 11. und 12. Jahrhunderts in Apulien (1911) Taf. 1a–b, Abb. 9. – Vgl. auch den Adler auf der Rückseite von zwei byzantinischen Gürtelschnallen des 10. Jahrhunderts im Besitz des Römisch-Germanischen Zentralmuseums Mainz, Inv. Nr. O.40312 und O.40198.

152 F. Schneider, Bonner Jahrb. 69, 1880, 117. – W. Velk, Eine emaillierte Goldfibel aus dem 11. Jahrhundert. Zeitschr. Altertumsver. Mainz 3, 1868–1887, 129ff. – F. Bock, Die byzantinischen Zellenschmelze der Sammlung Dr. Alexander von Swenigorodskoi und das darüber veröffentlichte Prachtwerk (1896) 387.

153 von Falke (Anm. 128) 12ff.

154 H. Fillitz, Studien zur römischen Reichskrone. Jahrb. Kunsthist. Sammlungen Wien 50, 1953, 23f. – Ders., Das Mittelalter I. Propyläen Kunstgeschichte 5 (1969) 162f. Abb. 100.

155 H. Decker-Hauff, Die »Reichskrone«, angefertigt für Kaiser Otto I. In: P. E. Schramm, Herrschaftszeichen und Staatssymbolik 2 (1955) 574ff.

156 P. E. Schramm u. F. Mütherich, Denkmale der deutschen Könige und Kaiser (1962) 168. – V. H. Elbern, Ottonische Bildnerei in edlen Materialien. In: E. Kubach u. V. H. Elbern, Das frühmittelalterliche Imperium (1968) 185. – H. Fillitz, Das Mittelalter I. Propyläen Kunstgeschichte 5 (1969) Abb. 100. – K. Flügel-Lindenlaub, Zur Geschichte des Gisela-Schmuckes. Neue Museumskunde 13, 1970, 50 Abb. 1. – L. Grodecki, F. Mütherich, J. Taralon u. F. Wormald, Die Zeit der Ottonen und Salier (1973) Abb. 261. – K. Flügel, Schatzkunst des Mittelalters (1985) Abb. 1. – V. H. Elbern, Goldschmiedekunst im frühen Mittelalter (1988) 104.

157 Lasko (Anm. 142) 57f. Abb. 2.

158 Lasko (Anm. 142) 57f. Abb. 2.

159 von Falke (Anm. 128) 13f. – H. Fillitz (Anm. 156) Abb. 100. – V. H. Elbern, Goldschmiedekunst im frühen Mittelalter (1988) 104.

sein. Tatsächlich kamen Adlerfibeln erst wieder in der zweiten Hälfte des 10. Jahrhunderts in Mode. Dabei handelte es sich um emaillierte Bronzescheibenfibeln [160] aus süddeutsch-schweizerischen Burgen und Städten, vor allem aus südostalpinen Frauengräbern der Stufe Köttlach II (Abb. 37,1), die nach J. Giesler die zweite Hälfte des 10. Jahrhunderts und die erste Hälfte des 11. Jahrhunderts umfaßte [161]. In die Spätphase der Stufe Köttlach II gehört die bronzene Adler-Pfauenfibel aus Mainz, denn sie besitzt einige Merkmale, die in die Regierungszeit Kaiser Heinrichs II. datierbar sind. Am unteren Rand des Pfauenrades befindet sich nämlich das Relief einer doppelköpfigen Schlange (vgl. Abb. 35). Es erinnert an die antithetischen Schlangenreliefs auf den Rändern der Scheibenfibeln vom Typ Höxter aus dem späten 10. und dem ersten Viertel des 11. Jahrhunderts und an jene auf dem Rand der goldenen Buckelfibel aus dem nach 1002 vergrabenen Schatz von Sievern [162] sowie an das emaillierte Schlangenpaar auf dem goldenen Mondsichelohrring von Petegem (vgl. Abb. 6,1) [163] aus dem ersten Viertel des 11. Jahrhunderts.

Reliefs von Einzeltieren, wie sie den Rand der Mainzer Bronzefibel zieren, lassen sich nur bei ganz wenigen bronzenen Emailscheibenfibeln nachweisen, zum Beispiel bei jenen aus Köttlach (Abb. 38) und Szekesfehervar [164], die als Einzelfunde zwar nicht präzise datierbar, aber wegen ihrer Größe wohl zu den späten Exemplaren dieser Fibelgattung zu rechnen sind. Immerhin gleichen Form und Verzierungselemente der Köttlacher Fibel (Abb. 38) auffällig den Zierscheiben auf dem sogenannten Mahlschatz Kaiser Heinrichs II. aus dem frühen 11. Jahrhundert [165].

Abb. 38 Emaillierte Bronzescheibenfibel des frühen 11. Jahrhunderts aus Köttlach. – Niederösterreichisches Landesmuseum Asparn a. d. Thaya. – M = 1:1.

160 Vgl. die zahlreichen Funde von Adlerfibeln (K. Dinklage, Frühdeutsche Volkskultur in Kärnten und seinen Marken [1943] Taf. 2. – P. Petru, V. Sřibar u. V. Staré, Der karantanisch-köttlacher Kulturkreis. Frühmittelalterlicher Schmuck. Schild von Steier, Kl. Schriften 16, 1975, Taf. 5 und 11. – H.-M. Kaenel, Eine mittelalterliche Emailfibel von der Burg Fenis. Arch. d. Schweiz 3, 1980, 123 ff. Abb. 2. – D. Kramer, Imago Aquilae. Bemerkungen zu einer Emailscheibenfibel aus Krungl. Da schau her – Beiträge aus dem Kulturleben des Bezirkes Liezen 4, 1983, Nr. 4, 11 ff. – J. Giesler, Zu einer Gruppe mittelalterlicher Emailscheibenfibeln. Zeitschr. Arch. Mittelalter 6, 1978, 57 ff. – P. Korošec, La nécropole de Ptujski Grad, Ptuj. Inventaria Archaeologica Jugoslavija. Fasc. 13 [1971] Taf. Y 124).

161 J. Giesler, Zur Archäologie des Ostalpenraumes vom 8. bis 11. Jahrhundert. Arch. Korrbl. 10, 1980, 87 ff. Abb. 3. – Ders., Ottonischer Emailschmuck. In: J. Hoops, Reallexikon der Germanischen Altertumskunde 7 (1989) 230 ff. Abb. 57.

162 M. Schulze-Dörrlamm, Kreuze mit herzförmigen Armen. Die Bedeutung eines Ziermotivs für die Feinchronologie emaillierter Bronzescheibenfibeln des Hochmittelalters. Arch. Korrbl. 18, 1988, Abb. 5 und Taf. 45,4.

163 D. Callebaut, Het oud kasteel te Petegem. Arch. Belgica 237, 1981, 32 ff. Abb. 17,9; 18.

164 R. Pittioni, Das frühmittelalterliche Gräberfeld von Köttlach (1943) Taf. 5,3. – P. Korošec, Zgodnesrednjeveška arheološka slika karantanskih slovanov (1979) Taf. 44,1 und 160.

165 P. E. Schramm u. F. Mütherich, Denkmale der deutschen Könige und Kaiser (1962) 160 Nr. 119 Taf. 341.

Den Rand der Mainzer Fibel schmücken vier Kreuzarme mit gegenständigen emaillierten Dreiecken. Diese finden sich auch auf einigen Varianten der Kreuzemailfibeln vom Typ Frauenhofen[166], die unter anderem in Italien, Baldringen, Unterbaar und Mainz (Abb. 37,2) zutage gekommen[167] und ebenso wie die verwandten Fibeln vom Typ Torcello (vgl. Abb. 56)[168] zu Beginn der Salierzeit unmodern geworden sind.

Im Unterschied zu diesen Kreuzemailfibeln mit kleinem Mittelfeld und breitem Rand besitzt die Mainzer Adler-Pfauenfibel schon eine neuartige Proportion, nämlich ein sehr großes Zentrum und eine schmale Randzone. Als einzige der bronzenen Emailscheibenfibeln ist sie durchbrochen gearbeitet, und der dargestellte Vogel wird vom Rand nicht, wie sonst üblich, ganz umschlossen, sondern er stößt mit Kopf und Schwanz in diesen hinein. Ferner unterscheidet sich die Mainzer Bronzefibel von den anderen Adler-Fibeln der Stufe Köttlach II, bei denen der Vogel entweder ganz oder gar nicht emailliert ist[169], durch die Teilemaillierung des Pfauenadlers.

Es handelt sich hier also um ein ganz ausgefallenes Stück aus dem ersten Viertel des 11. Jahrhunderts, dessen Gestalt byzantinischen Einfluß erkennen läßt. Das durchbrochene Rundmedaillon ist ja ohne das Vorbild älterer byzantinischer Ringfibeln mit gegossenem heraldischen Wappentier, wie der bronzenen Pferdchenfibel des 7./8. Jahrhunderts von Kruja, der goldenen Greifenfibel aus Capua und der goldenen Löwenfibel des 10. Jahrhunderts aus Preslav (Abb. 39)[170], nicht denkbar. Ebenso wie die Mainzer Adler-Pfauenfibel hatten die Fibeln aus Capua und Preslav schon einen durch grüne Glaseinlagen beziehungsweise durch schmale Goldösen kreuzförmig gegliederten schmalen Rand.

Abb. 39 Gegossene goldene Löwenfibel mit aufgefädeltem Perlrand des 10. Jahrhunderts aus Preslav, Bulgarien. – Arch. Museum Preslav. – M = 3:1.

166 J. Giesler, Zu einer Gruppe mittelalterlicher Emailscheibenfibeln. Zeitschr. Arch. Mittelalter 6, 1978, 57ff.

167 Italien: Giesler (Anm. 166) Abb. 3,1. – Baldringen: Zeitschr. Hist. Ver. Schwaben 72, 1978, 59 Abb. 15,2. – Unterbaar: Zeitschr. Hist. Ver. Schwaben 75, 1981, 58 Abb. 17,1. – Mainz: unpublizierte Fibel im Mainzer Privatbesitz; Kopie des Römisch-Germanischen Zentralmuseums Mainz Nr. 7995.

168 Schulze-Dörrlamm (Anm. 162) 407ff.

169 Bei den meisten Fibeln steht der bronzene Tierkörper vor einem Hintergrund aus Grubenemail. Gelegentlich ist aber der Tierkörper auch ganz emailliert, wie bei den Fibeln aus Oberammerthal (K. Schwarz, Die Bodendenkmalpflege in Bayern in den Jahren 1966 bis 1968. Jahresber. Bayer. Bodendenkmalpfl. 8/9, 1967/68, 136 Abb. 22,4) und Trier (L. Clemens, Fibeln des frühen und hohen Mittelalters aus Trier. Trierer Zeitschr. 51, 1988, 513ff. Abb. 4,21).

170 Capua: J. Werner, Die byzantinische Scheibenfibel von Capua und ihre germanischen Verwandten. Acta Arch. Kopenhagen 7, 1936, 57ff. Abb. 1. – Cavallo u. von Falkenstein (Anm. 151) Abb. 261. – Preslav: A. Ančev, La Bulgarie médiévale. Kat. Paris (1980) 126 Abb. 233. – Archeologija Sofija 4, 1984, Titelbild. – Kruja: Albanien, Schätze aus dem Land der Skipetaren. Kat. Hildesheim (1988) 455 Abb. 369.

Abb. 40 Vergrößerte Schrägansicht der großen goldenen Adler-Pfauenfibel aus Mainz (Kat. Nr. 11). – Landesmuseum Mainz.

Die beiden goldenen Adler-Pfauenfibeln aus Mainz sind jedoch etwas später als das bronzene Exemplar entstanden, denn sie weisen keine Schmuckelemente des frühen 11. Jahrhunderts mehr auf. Andererseits belegen die breiten Perldrahtarkaden, auf denen das Schwanzende des Pfauenadlers bei der großen Goldfibel ruht (Abb. 40), daß diese spätestens gegen Mitte des 11. Jahrhunderts entstanden sein kann. Solche »altmodischen« Breitarkaden wurden von den Goldschmieden zwar noch in der ersten Hälfte des 11. Jahrhunderts hergestellt und beispielsweise zur Verzierung der Sternfibel im Metropolitan Museum (New York) aus dem ersten Viertel des 11. Jahrhunderts und der Schleswiger Goldfibel mit Trommelkranz (vgl. Abb. 26) aus der Zeit Konrads II. benutzt, aber – mit Ausnahme des Hezilokreuzes (1054–1079) – nicht mehr in der zweiten Hälfte des 11. Jahrhunderts, als man schmale und hohe Perldrahtarkaden durchweg bevorzugte[171].

Wichtige Indizien dafür, daß die große Adler-Pfauenfibel nicht im frühen, sondern erst im mittleren 11. Jahrhundert entstanden sein kann, sind die kleinen Blütenstengel aus Golddraht in den Rundungen der Flügel. Solche Einzel-Blüten kommen nämlich bei Adlerdarstellungen des späten 10. und frühen 11. Jahrhunderts – wie der Albuin-Kasel in Brixen und dem Sudarium des hl. Germanus von Auxerre[172] – noch nicht vor. Sie sind vielmehr typisch für heraldische Adler des 12. bis 13. Jahrhunderts[173]. Zu den ältesten Belegen zählt meines Wissens der Adlerstoff aus dem 1101 geschaffenen Schrein des hl. Knut († 1086) in Odense, der in der zweiten Hälfte des 11. Jahrhunderts hergestellt worden sein dürfte[174].

171 Sternfibel in New York: H. Westermann-Angerhausen, Eine unbekannte Fibel aus dem ottonischen Kaiserinnenschmuck? Mainzer Zeitschr. 70, 1975, 67 ff. Taf. 20. – The Metropolitan Museum of Art. Recent Acquisitions 1987–1988, 14 f. – Hezilo-Kreuz: W. Arenhövel, Der Hezilo-Radleuchter im Dom zu Hildesheim (1975) Abb. 292 und 294.

172 Albuin-Kasel: R. Grönwoldt, Miszellen zur Textilkunst der Stauferzeit. In: Die Zeit der Staufer 5 (1979) 392 Abb. 248. – von Falke (Anm. 128) Abb. 16. – Sudarium des hl. Germanus von Auxerre: L. Brehier, La sculpture et les arts mineurs byzantins (1936) 100 Taf. 87.

173 Vgl. u. a. die Kasel des hl. Bernhard aus Brauweiler und das Seidengewebe aus dem Grab des Bischofs Bernardo Calvó (1233–1243) (B. Tietzel, Geschichte der Webkunst [1988] Abb. 49 und 52) sowie den sogenannten Mantel »Karls des Großen« (Grönwoldt [Anm. 172] 394 Abb. 254).

174 A. Gejer, Sidenvävnaderna i helige Knuts helgoskrin i Odense Domkyrka. Aarbøger 1935, 155 ff. Abb. 1. – R. Grönwoldt, Ein byzantinisches Seidengewebe im Kestner-Museum. Niederdt. Beitr. Kunstgeschichte 2, 1962, 267 f. Abb. 192. – E. Østergård, Nogle mønstrede silketøjer fra danske relikviegemmer. Hikuin 6, 1980, 90 f. Abb. 10.

Abb. 41 Byzantinischer Adlerstoff aus dem Schrein des hl. Knut († 1086) in Odense (nach Grönwoldt).

Bezeichnenderweise tragen die auf dem Stoff in Odense dargestellten Adler einen Halbmondohrring im Schnabel, der mit seiner dicken Mondsichel und den stark einziehenden Spitzen den Goldohrringen vom Typ Mainz auffällig ähnelt (Abb. 41).

Auch die Perldrahtlilien an den Enden des Pfauenrades weisen darauf hin, daß die Mainzer Fibel erst im mittleren 11. Jahrhundert angefertigt wurde. Sie gleichen nämlich den lilien- oder kleeblattförmigen Edelsteinfassungen, die zwar bei zahlreichen Goldschmiedearbeiten des mittleren bis späten 11. Jahrhunderts, aber noch nicht bei solchen aus ottonischer Zeit nachweisbar sind. Solche Fassungen findet man nicht nur auf der großen Mainzer Buckelfibel mit Trommelkranz (vgl. Abb. 20) und auf einer der Mainzer Kegelfibeln (vgl. Abb. 10,3) aus dem mittleren Drittel des 11. Jahrhunderts, sondern auch auf dem sogenannten Heinrichskreuz in Fritzlar, dem um 1050 geschaffenen Kreuz von Borghorst oder dem Osnabrücker Kapitelkreuz (Abb. 42) aus der Zeit um 1070 [175] und schließlich bei der ovalen Bergkristallfibel der zweiten Hälfte des 11. Jahrhunderts aus Grab 33 von Masku-Humikkala sowie bei der Buckelfibel mit Buckelkranz aus dem gegen 1100 vergrabenen Schatz von Dörby (vgl. Abb. 25) [176].

175 Heinrichskreuz: E. Medding-Alp, Das erste Kreuz aus dem Schatze der Petrikirche zu Fritzlar. Das Münster 3, 1950, 266. – Ornamenta Ecclesiae. Kat. Köln 3 (1985) 112f. H 29. – Kreuz von Borghorst: H. Westermann-Angerhausen, in: Konservieren-Restaurieren. Kat. Münster (1975) 207ff. Abb. 234. – A. Legner, Kunst der Romanik (1982) Abb. 340–341. – Ornamenta Ecclesiae. Kat. Köln 3 (1985) H 28. – Osnabrücker Kapitelkreuz: H. Westermann-Angerhausen, Westfälische Goldkreuze und ihre Voraussetzungen in Rheinland und Niedersachsen. In: Rhein und Maas. Kat. Köln (1973) 187f. Abb. 15. – W. Borchers, Der Osnabrücker Domschatz (1974) Taf. 8–12. – Ornamenta Ecclesiae. Kat. Köln 3 (1985) H 27.

176 E. Kivikovski, Die Eisenzeit Finnlands (1973) 142 Taf. 128, 1154. – A. Weixlgärtner, Das Reliquiar mit der Krone im Staatlichen Historischen Museum zu Stockholm. Kungl. Vitterhets Hist. och Antiqv. Handlingar. Antiqv. Ser. 1 (1954) 26 Abb. 4.

Abb. 42 Schräganansicht der Mitte des Osnabrücker Kapitelkreuzes, um 1070. – Domschatz Osnabrück

Abb. 43 Detail der Randeinfassung des Reliquiars mit der Krone aus dem 11. Jahrhundert. – Statens Hist. Museum Stockholm.

Abb. 44 Die sogenannte Morgengabe Kaiser Heinrichs II. aus dem späten 10. Jahrhundert. – Verschollen (nach Schramm u. Mütherich).

Die kleinere goldene Adler-Pfauenfibel ist offenbar als Pendant zur größeren angefertigt worden. Daß dies etwa im mittleren Drittel des 11. Jahrhunderts geschehen sein dürfte, läßt sich nur indirekt beweisen. Ihr Pfauenrad schmücken rautenförmige Edelsteine in glatten Zargenfassungen und paarige Perldrahtringe, die auch auf dem Kelch mit der Schädelreliquie der hl. Elisabeth vorhanden (Abb. 43), aber sonst nirgends nachweisbar sind[177]. Beide Arbeiten könnten demnach von gleicher Hand geschaffen worden sein. Die anderen Schmuckelemente der Kelchfassung, nämlich die Kombination von Edelsteinen in Schlaufenfassung mit Perldrahtkegeln und Goldkügelchen in Perldrahtringen entsprechen denen der Lunula des Mainzer Brustschmuckes aus dem mittleren Drittel des 11. Jahrhunderts (vgl. Abb. 84).

177 Weixlgärtner (Anm. 176) Abb. 35–42. – A. Andersson, Das Reliquiar mit der Krone. In: Sankt Elisabeth, Fürstin–Dienerin–Heilige. Kat. Marburg (1981) 513 ff. Taf. 5.

Zudem scheint der um 1027 für Konrad II. geschaffene Kronenbügel[178] das Vorbild für die Randgestaltung des Kelches gewesen zu sein. Bei diesem findet man die gleiche Vorliebe für flach geschliffene, abgekantete Granaten in glatter Zargenfassung und den regelmäßigen Wechsel von Perlen und Edelsteinen[179].

Für die Frage nach der Herkunft der großen Adler-Pfauenfibel, der schönsten und qualitätvollsten unter den drei Mainzer Exemplaren, ist die Tatsache, daß der Leib des Vogels nur teilweise emailliert wurde, von entscheidender Bedeutung. Die Herstellung figürlicher Reliefs aus Goldblech, die nur zum Teil mit Zellenemails, aber zusätzlich mit Perldrähten oder Niello-Einlagen verziert wurden, war offenbar eine Spezialität byzantinischer oder oberitalienischer Goldschmiede. Dies beweisen die byzantinische Michaelsikone im Schatz von San Marco zu Venedig aus dem späten 10. oder frühen 11. Jahrhundert und das Kruzifix auf dem Evangeliar des späten 11. Jahrhunderts von Vercelli[180], vor allem aber das Kreuz auf dem Evangeliar des Mailänder Erzbischofs Aribert da Intimiano (1018–1045) aus dem zweiten Viertel des 11. Jahrhunderts[181]. Auf die Herkunft dieser Fibel aus Byzanz oder Italien deuten zudem nicht nur die symmetrischen Perldrahtranken des Pfauenrades hin, die denen auf einer byzantinischen Schmuckscheibe aus Korinth[181a] ähneln, sondern auch die vier goldenen Kugelröhrchen in den Zwickeln zwischen Vogelleib und Flügeln. Sie entsprechen jenen vier Perlen, mit denen byzantinische und oberitalienische Goldschmiede die Zwickel zwischen den Kreuzarmen zu füllen pflegten, etwa beim Kreuz im Dom zu Velletri, bei dessen Gegenstück im Welfenschatz oder jenem Kreuz, das Kaiser Heinrich II. seiner Gemahlin Kunigunde als Morgengabe (Abb. 44) überreicht hatte[182]. Letztlich ist auch die Gestaltung der Fibel als Rundmedaillon mit großem, durchbrochenem Mittelfeld, heraldischem Wappentier und einer schmalen Randzone auf mediterrane Vorbilder zurückzuführen (s. S. 58).

Außer den Adler-Pfauenfibeln vom Typ Mainz hat es während des 11. Jahrhunderts auch noch andere Typen durchbrochener Scheibenfibeln gegeben. Allerdings kenne ich aus dem Raum nördlich der Alpen bisher nur zwei Exemplare. Dabei handelt es sich um eine Bronzefibel mit dem Bildnis Daniels in der Löwengrube aus dem erst um 1000 gegründeten Lund in Schweden[183] und um eine emaillierte Bronzefibel aus Erling in Oberbayern (Abb. 45)[184]. Diese zeigt einen heraldischen Adler und dürfte wegen ihres ungewöhnlich schmalen, glatten Randes schon in das Ende der Stufe Köttlach II, also etwa in das mittlere 11. Jahrhundert, zu datieren sein.

Abb. 45 Durchbrochene bronzene Adlerfibel mit Emaileinlagen des 11. Jahrhunderts aus Erling/Oberbayern (nach Giesler). – M = 1:1.

178 H. Fillitz, Die Schatzkammer in Wien (1986) Taf. 2.

179 Weixlgärtner (Anm. 176) Abb. 35–40.

180 Michaelsikone im Schatz von San Marco: H. Hellenkemper (Hg.), Der Schatz von San Marco in Venedig. Kat. Köln (1984) 149 ff. Nr. 12, Abb. 150. – Evangeliar von Vercelli: F. Steenbock, Der kirchliche Prachteinband im frühen Mittelalter (1965) 188 ff. Nr. 91 Abb. 126. – M. M. Gauthier, Émaux du moyen âge occidental (1972) 63 Abb. 28.

181 Steenbock (Anm. 180) 143 ff. Nr. 57 Abb. 80. – L. Grodecki, F. Mütherich, J. Taralon u. F. Wormald, Die Zeit der Ottonen und Salier (1973) Abb. 333.

181a G. R. Davidson, Corinth XII. The minor objects (1952) 306 Taf. 125, 2651.

182 Welfenkreuz: D. Kötzsche, Der Welfenschatz (1973) 65 Nr. 1 Taf. I. – P. M. de Winter, Der Welfenschatz. Zeugnis sakraler Kunst des Deutschen Mittelalters (1986) 46. – Kreuz von Velletri: Y. Hackenbroch, Italienisches Email im frühen Mittelalter. Ars Docta 2 (1938) 49 ff. Taf. 90. – A. Lipinsky, Das Münster 10, 1957, 168 ff. Abb. 37–38. – Die sogenannte Morgengabe Heinrichs II.: P. E. Schramm u. F. Mütherich, Denkmale der deutschen Könige und Kaiser (1962) 160 Nr. 120 Taf. 341.

183 M. Rydbeck, Skånes stenmästare före 1200 (1936) 356 f. Abb. 24,9.

184 J. Giesler, Ottonischer Emailschmuck. In: J. Hoops, Reallexikon der Germanischen Altertumskunde 7 (1989) 238 Abb. 60e.

Alle acht salierzeitlichen Goldfibeln des Mainzer Schatzfundes von 1880 weisen trotz ihrer verschiedenen Formen und Verzierungen ein sehr wesentliches, gemeinsames Kennzeichen auf, durch das sie sich von den meisten älteren Fibelformen deutlich unterscheiden. Sie besitzen nämlich einen kreisförmigen Grundriß mit großem, stark betontem Mittelfeld, dessen Radius länger ist als die Breite ihrer schmalen Randzone. Das Verhältnis von Mitte zu Rand ist umgekehrt proportional zu dem der karolingisch-ottonischen Scheibenfibeln, die ein kleines Mittelfeld und einen breiteren Rand haben. Fibeln mit dieser altertümlichen Proportion wurden seit dem späten 10. Jahrhundert allmählich zurückgedrängt und kamen mit Beginn der Salierzeit vorläufig aus der Mode. Das Ende dieses Prozesses läßt sich gut mit Hilfe der Emailscheibenfibeln vom Typ Torcello bestimmen, die anhand ihrer herzförmigen Kreuzarme in das letzte Drittel des 10. Jahrhunderts und in das erste Viertel des 11. Jahrhunderts einzuordnen sind[185].
Zu den jüngsten und recht gut datierbaren Exemplaren mit der althergebrachten Proportion gehören jene zwei goldenen Sternfibeln, die 1896 am Westchor des Mainzer Domes aufgefunden wurden (Taf. 5)[186]. Ihr kleines Zentrum besteht aus einem mugeligen Saphir als Mittelpunkt eines Kreuzes aus ovalen Saphiren und Amethysten mit je drei in einem offenen Perldrahtring sitzenden Perlen an den Enden. Zugleich ist er die Mitte eines Diagonalkreuzes mit rankenverzierten, ursprünglich wohl auch emaillierten herzförmigen Armen, die am Ansatz mit einer Perle, am Ende mit einem runden Saphir versehen sind. In den Zwickeln zwischen den Kreuzarmen, die auf breiten Perldrahtarkaden ruhen, sitzen Perldrahtkegel. Bei beiden Sternfibeln ist die Grundplatte aus Goldblech unter den Edelsteinen ausgeschnitten und mit Perldraht umrandet. Otto von Falke hatte seinerzeit auf die Ähnlichkeit dieser Sternfibeln mit den Platten und dem Kreuz der Kaiserkrone (vgl. Abb. 85) sowie mit einigen Stücken aus dem »Krönungsornat der Kaiserin Gisela« hingewiesen; er glaubte deshalb, daß sie ebenfalls in der Zeit um 1025 hergestellt worden seien. Später wurden die Sternfibeln dann jedoch – ebenso wie die Kronenplatten und der Mainzer »Krönungsschmuck« – fast einhellig in die zweite Hälfte des 10. Jahrhunderts vordatiert[187]. Inzwischen sind gegenüber dieser Vorgehensweise jedoch erhebliche Zweifel angebracht. Denn das anscheinend so hohe Alter der Fibeln hält einer kritischen Überprüfung nicht stand.
Daß die Sternfibeln mit je vier herzförmigen Kreuzarmen nach Art der Emailscheibenfibeln vom Typ Torcello (vgl. Abb. 56) noch nicht im 10., sondern erst im frühen 11. Jahrhundert entstanden sein können, belegen die blütenförmigen Edelsteinfassungen aus Perldraht. Diese sind erstmals bei Gold-

Abb. 46 Silberne Sternfibel aus dem Schatzfund von Kongsø, Dänemark, vergraben nach 1040–1042. – Nationalmuseum Kopenhagen. – Dm. 3,1 cm.

185 Schulze-Dörrlamm (Anm. 162) 407ff. Abb. 2.
186 F. Schneider, Mittelalterliche Goldfibeln, ein Fund aus dem Boden von Mainz. Jahrb. Preuß. Kunstsammlungen 18, 1897, 170ff. – von Falke (Anm. 128) 28 Abb. 23–24. – E. Steingräber, Alter Schmuck (1956) 26. – H. Kohlhausen, Europäisches Kunsthandwerk (1969) Abb. 33. – C. B. Heller, J. Schneider u. W. Dennert, Bruckmann's Handbuch des Schmucks (1977) 31. – Westermann-Angerhausen (Anm. 127) 35 Nr. 7.
187 Steingräber (Anm. 186) 26. – Heller, Schneider u. Dennert (Anm. 186) 31. – Westermann-Angerhausen (Anm. 127) 35 Nr. 7.

Abb. 47 Silberne Sternfibel aus dem Schatzfund von Kelstrup, Dänemark, vergraben nach 1025–1030. – Nationalmuseum Kopenhagen. – Dm. 3,4 cm.

schmiedearbeiten aus der Zeit Heinrichs II. zu beobachten, zum Beispiel am Nimbus Christi auf dem gegen 1020 geschaffenen Basler Antependium[188]. Sie kommen aber auch noch auf salierzeitlichen Werken vor, wie bei der Lunula des Mainzer Brustbehangs (vgl. Abb. 84), auf dem Essener Kreuz mit Senkschmelzplatten und sogar noch auf dem Dionysius-Kreuz aus Enger[189].

Vergleichbare Sternfibeln aus archäologischen Funden verweisen die Mainzer Exemplare ungefähr in das erste Viertel des 11. Jahrhunderts. So beispielsweise die kleinen sternförmigen Silberfibeln aus den Horten von Kelstrup und Kongsø[190], die schon um 1025/30 beziehungsweise erst gegen 1040/42 vergraben worden sind (Abb. 46–47). Beachtung verdient in diesem Zusammenhang auch die Tatsache, daß Heinrich II. in einem 1007–1014 entstandenen Evangelistar von Seeon mit einer sternförmigen Mantelfibel nach Mainzer Art dargestellt worden ist (Abb. 48)[191].

Aus alledem ergibt sich, daß die goldenen Sternfibeln vom Mainzer Domchor Arbeiten aus spätottonischer Zeit und Vorläufer der salierzeitlichen Buckel- und Kegelfibeln sowie der scheibenförmigen Adler-Pfauenfibeln des Schatzes von 1880 gewesen sind. Darauf, daß die Sternfibeln aus Italien stammen dürften, deuten nicht nur die herzförmigen Kreuzarme nach Art der Scheibenfibeln vom Typ Torcello (vgl. Abb. 56), sondern vor allem die ungewöhnlichen Fassungen der vier Perlen in der Kreuzmitte hin. Diese bestehen nämlich aus sehr engstehenden Achterschlaufen, welche, im Unterschied zu den wellenförmigen »Faulenzern« deutscher Goldschmiedekunst, typisch für Erzeugnisse aus Italien oder Byzanz waren, wie das Beispiel der byzantinischen Kegelfibeln (vgl. Abb. 14–15) in London und Hamburg (s. S. 34), des Welfenkreuzes sowie des byzantinischen Kreuzes von Záviš[192] zeigt.

188 J. P. Caillet, L'antiquité classique, le haut moyen âge et Byzance au musée de Cluny (1985) Titelbild.

189 Kunst und Kultur im Weserraum. Kat. Corvey (1966) Abb. 215. – Die Blütenfassungen weisen jedoch im Unterschied zu denen der Sternfibeln eine Klammer am Stielansatz auf.

190 N.-K. Liebgott, Danske fund af møntdateret Keramik ca. 950–1450 (1978) 26 f. Abb. 19. – R. Skovmand, De danske skattefund fra Vikingatiden of den aeldste Middelalder indtil 1150. Aarbøger 1942, 148 Abb. 31.

191 P. E. Schramm u. F. Mütherich, Denkmale der deutschen Könige und Kaiser (1962) 216 Nr. 125. – H. Fuhrmann u. F. Mütherich, Das Evangeliar Heinrichs des Löwen und das mittelalterliche Herrscherbild. Ausstellungskat. München (1988) Taf. 19.

192 Außer dem Welfenkreuz (Kötzsche [Anm. 182] Farbtafel 2) und dem Kreuz von Záviš (Ch. Chytil u. A. Friedl, in: L'Art Byzantin chez les Slaves. Festschr. T. Uspenskij 2 [1932] 394 ff. Taf. 58. – E. Bachmann, Romanik in Böhmen [1977] Abb. 160) sind die Goldeinfassung des ungarischen Krönungsszepters (É. Kovács u. Zs. Lovag, Die ungarischen Krönungsinsignien [1988] 88), der vermutlich byzantinische Halbmondohrring aus Grab 33 von Regensburg-Niedermünster (K. Schwarz, in: Ausgrabungen in Deutschland 2 [1975] 147 Abb. 15,10) und die sternförmige Saphirfibel im New Yorker Metropolitan Museum zu nennen (H. Westermann-Angerhausen, Eine unbekannte Fibel aus dem ottonischen Kaiserinnenschmuck? Mainzer Zeitschr. 70, 1975, 67 ff. Taf. 20. – The Metropolitan Museum of Art. Recent Acquisitions 1987–1988, 14 f.), die wohl zur gleichen Zeit wie die Mainzer Sternfibel entstanden ist, denn sie besitzt noch einen breiten, »altmodischen« Rand. Zudem weist die Saphirfibel ebenfalls Dreiergruppen aus Barockperlen auf, welche man bezeichnenderweise auch auf einem italienischen Buchdeckel, der sogenannten »Pax von Chiavenna« (F. Steenbock, Der kirchliche Prachteinband im frühen Mittelalter [1965] Kat. Nr. 58 Abb. 81) findet.

Abb. 48 Bildnis Heinrichs II. im Evangelistar von Seeon, 1007–1014. – Staatsbibliothek Bamberg.

Abb. 49 Bildnis der Uta im Regelbuch von Regensburg-Niedermünster aus dem 10. Jahrhundert. – Staatsbibliothek Bamberg.

Exkurs: Funktion und Tragweise hochmittelalterlicher Fibeln

Die Analyse der archäologischen Befunde und bildlicher Darstellungen führt zu teilweise neuen Erkenntnissen über die Trageweise von Fibeln, die manchen überkommenen Vorstellungen widersprechen. Deshalb soll davon hier kurz die Rede sein.

In ottonischer und salischer Zeit wurden Fibeln von Männern und Frauen benutzt, jedoch auf unterschiedliche Weise. Nach alter Sitte trugen Männer allenfalls eine Fibel als Mantelschließe auf der rechten Schulter. Zumeist begnügten sie sich aber damit, den Mantel einfach zu verknoten. Wie eine Darstellung des knienden Kaisers Heinrich II. auf dem Basler Antependium zeigt, waren Mantelfibeln teilweise sehr klein, erfüllten aber dennoch ihren Zweck. Selbst so zerbrechlich wirkende Juwelen – wie die Kegelfibeln – konnten trotz ihrer am oberen Rand sitzenden Haltevorrichtung als Mantelfibel benutzt und auf der Schulter getragen werden (vgl. Taf. 3,1). Im Unterschied zu den Laien pflegten hohe geistliche Würdenträger ihren Chormantel (Pluviale) über beide Schultern zu legen und ihn auf der Brust mit einer großen Fibel zu schließen[193].

Bei den deutschen Frauen lassen sich während des Hochmittelalters vier verschiedene Tragweisen von Fibeln beobachten. Viele pflegten ihren Mantel – die sogenannte Palla – mitten auf der Brust mit einer Scheibenfibel festzustecken (Abb. 49)[194], so wie es schon zu Beginn des 7. Jahrhunderts im Frankenreich üblich geworden war. Als ein solcher Mantelverschluß scheint auch die Kreuzemailfibel aus Frauengrab 181 von Kranj verwendet worden zu sein (Abb. 50).

Einige vornehme Damen trugen im 10./11. Jahrhundert auch schon einen sogenannten »Fürspan«, also eine Fibel, die nichts zu verschließen hatte, sondern nur zur Zierde des Gewandes dienen sollte. Mit einem solchen goldenen »Fürspan« auf dem Kleid wurde zum Beispiel die personifizierte Ecclesia im Sakramentar von Petershausen aus der Zeit um 980 (Taf. 6,2) abgebildet[195]. Seit dem frühen 11. Jahrhundert mehren sich Darstellungen von Frauen, die, wie etwa die Gemahlin Heinrichs V. (Abb. 51), eine große Scheibenfibel dicht unter dem Hals tragen, welche offenbar den Halsausschnitt des Kleides oder auch des Unterhemdes verschließen sollte[196].

Die paarigen Kegelfibeln aus dem Mainzer Schatz von 1880 und das Sternfibelpaar vom Mainzer Domchor hatte O. von Falke als »Tasseln« gedeutet, die auf den Schultern getragen worden seien, um die

193 Vgl. die Darstellung von Äbten im Perikopenbuch Heinrichs III. von Echternach (Schramm [Anm. 165] Nr. 144) und das Gemälde des hl. Georg aus der Zeit des Erzbischofs Eberhard (1147–1164) im Kloster Nonnberg/Salzburg (W. Frodl, F. Walliser u. E. Frodl-Kraft, Österr. Zeitschr. f. Kunst u. Denkmalpfl. 10, 1956, 90ff. Abb. 131) sowie S. Steinberg u. C. Steinberg von Pape, Die Bildnisse geistlicher und weltlicher Fürsten und Herren (1931) Taf. 27–28, 63, 84a und 103.

194 Dies belegen Darstellungen wie das Bildnis der Uta im Regelbuch von Regensburg-Niedermünster (Bayerns Kirche im Mittelalter. Ausstellungskat. München [1960] 10 Abb. 1), das Bildnis der Ecclesia in der Exultet-Rolle von Vincenzo al Volturno von 981/987 (G. Schiller, Ikonographie der christlichen Kunst 4,1 [1988] 85 Abb. 208) sowie die Ausführungen von H. Vierck, Mittel- und westeuropäische Einwirkungen auf die Sachkultur von Haithabu/Schleswig. In: Archäologische und naturwissenschaftliche Untersuchungen an Siedlungen im deutschen Küstengebiet 2. Handelsplätze des frühen und hohen Mittelalters (1984) 403 Abb. 191. – Vgl. auch die Lage der Scheibenfibel in Grab 181 von Kranj (A. Valič, La nécropole slave de Kranj. Inventaria Archaeologica Jugoslavija 21 [1978] Taf. Y 205).

195 Suevia Sacra. Kat. Augsburg (1973) Abb. 150. – L. Grodecki, F. Mütherich, J. Taralon u. F. Wormald, Die Zeit der Ottonen und Salier (1973) Abb. 112. – M. Schulze-Dörrlamm, Juwelen der Kaiserin Theophanu. Arch. Korrbl. 19, 1989, 416ff. Farbtaf. III.

196 Zu den ältesten Belegen für diese Tragweise einer Scheibenfibel gehört das Bildnis der Kaiserin Kunigunde auf dem Basler Antependium von 1020 mit einer Scheibenfibel altertümlicher Form, die noch ein kleines Mittelfeld und eine breite Randzone besitzt (Caillet [Anm. 188] 229ff.). – Vgl. auch das Bild der Maria und des Mondes im Psalter von St. Germain-des-Prés aus der Zeit um 1050 (H. Fillitz, Das Mittelalter I. Propyläen Kunstgesch. 5 [1969] Taf. 66), die Bilder der Engel im Codex Aureus von Speyer und das Bildnis der Gemahlin Kaiser Heinrichs V. in der Weltchronik des Ekkehard von Aura (Schramm [Anm. 46] Taf. 406–407 und Taf. 445) sowie das Brustbild der hl. Caecilia in einer Handschrift des mittleren 12. Jahrhunderts (F. Ronig, Die Buchmalerei des 11. und 12. Jahrhunderts in Verdun. Aachener Kunstbl. 38, 1969, 61 Abb. 36). – Auch archäologische Funde, nämlich Frauengräber, in denen die Fibel dicht unter dem Kinn der Toten liegen, belegen diese Fibeltracht, wie z. B. Grab 251 von Kranj (A. Valič, La nécropole slave à Kranj. Inventaria Archaeologica Jugoslavija. Fasc. 21 [1978] Taf. Y 204) und Grab 35 von Georgenberg bei Micheldorf (V. Tovornik, Das Gräberfeld der karantanisch-köttlacher Kulturgruppe auf dem Georgenberg bei Micheldorf, pol. Bez. Kirchdorf/Krems. In: Bayern und Slawen in Österreich [1980] 90 Abb. 6).

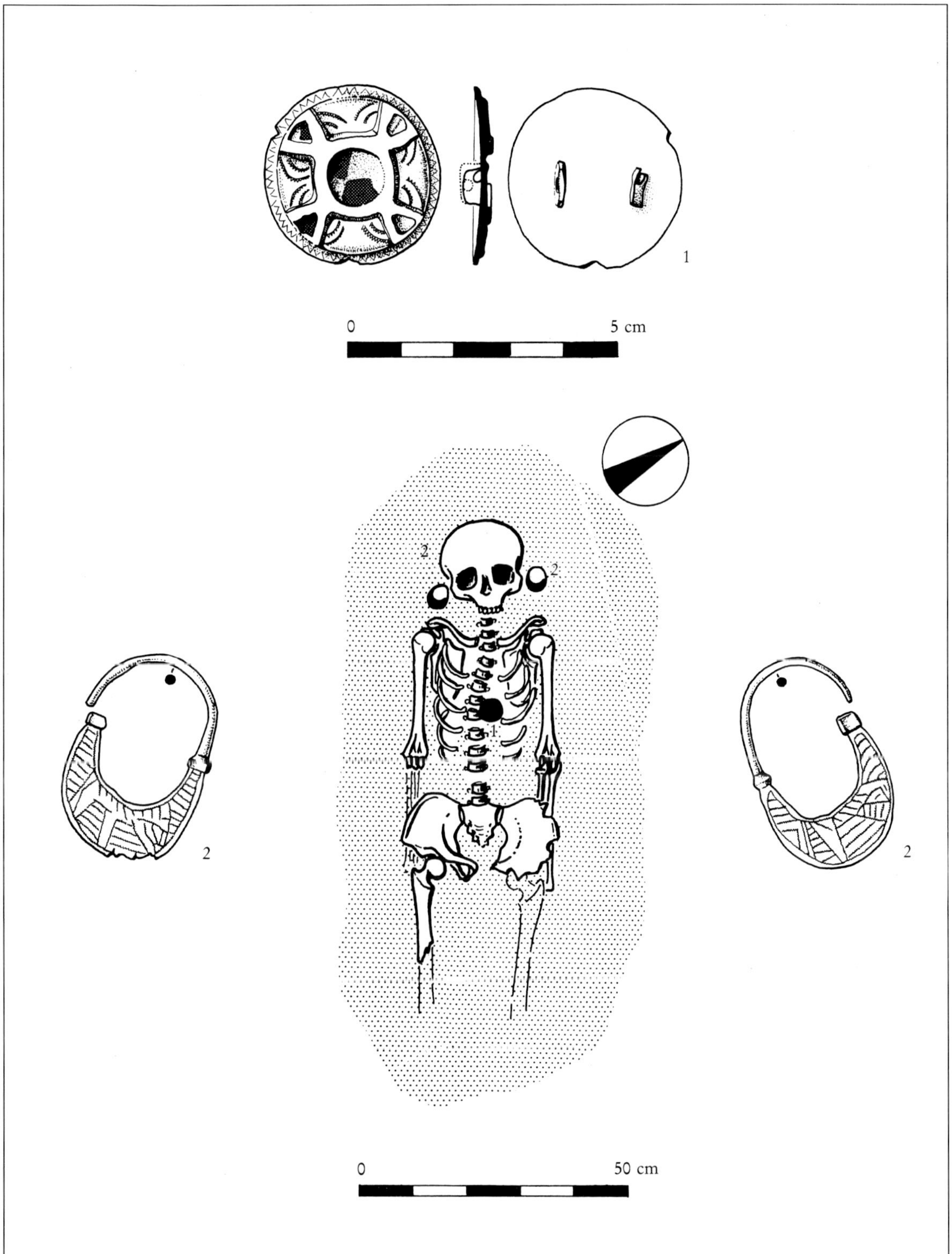

Abb. 50 Beigaben und Lageskizze des Frauengrabes 181 von Kranj, Jugoslawien, aus dem späten 10./frühen 11. Jahrhundert (nach Valić).

Abb. 51 Bildnis des Hochzeitsmahles Kaiser Heinrichs V. und seiner Gemahlin Mathilde am 7. Januar 1114 in Mainz, Weltchronik des Ekkehard von Aura. – Corpus Christi College Cambridge Ms. 373 (mit freundlicher Erlaubnis »The Master and Fellows of Corpus Christi College, Cambridge«).

Knoten der Mantelschnur zu verdecken[197]. Bis heute wurde diese falsche Interpretation beibehalten, obwohl Tasseln eigentlich erst seit der Spätromanik nachweisbar sind und es aus dem 11. Jahrhundert weder bildliche Darstellungen noch Grabfunde gibt, die eine solche These bestätigen könnten. Die vorhandenen Belege lassen vielmehr eine ganz andere Tragweise von Fibelpaaren erkennen. Den Bildnissen Mariens und heiliger Frauen im Ruotpertus-Evangeliar von Prüm aus dem mittleren 11. Jahrhundert zufolge (Abb. 52)[198] wurden nämlich zwei Fibeln untereinander am Halsausschnitt des Kleides befestigt. Das bezeugt auch der Lagebefund des Frauengrabes 8 von Förk, wo eine der beiden Bronzefibeln im Hals-Schulter Bereich, die andere mitten auf der Brust zutage kam[199]. Vermutlich wurden zweifach gefibelte Kleider von Frauen mit Säuglingen getragen, die wegen des Stillens ihren Halsausschnitt weiter öffnen können mußten, als dies bei den hochgeschlossenen Gewändern jener Zeit normalerweise möglich war. Jedenfalls läßt sich die Behauptung, daß es im späten 10. und im 11. Jahrhundert keine Zweifibeltracht mehr gegeben habe[200], angesichts der Fibelpaare aus Mainz, aus dem Südostalpenraum[201] und auch aus Schatz 2 von Klein-Roscharden[202] nicht mehr aufrechterhalten.

197 O. von Falke, Der Mainzer Goldschmuck der Kaiserin Gisela (1913) 24. – So auch Steingräber (Anm. 186) 28 und H. Bott, Ullstein Juwelenbuch (1972) 49.

198 R. Schilling, Das Ruotpertus Evangeliar aus Prüm, MS. 7 der John Rylands Library in Manchester. In: Festschr. K. H. Usener (1967) 143 ff. Abb. 2. 6. 12. 16.

199 K. Dinklage, Zur Vor- und Frühgeschichte des Gailtales. Carinthia I, 145, 1955, 238 Taf. 2,8.

200 H. Westermann-Angerhausen, Fibel. RDK 90 (1984) 17.

201 Vgl. Grab 8 von Förk (Dinklage [Anm. 199] Taf. 2) und Grab 112/1964 von Kranj (Korošec [Anm. 164] Taf. 69, 4a–b).

202 O. F. Gandert, Die oldenburgischen Silberschatzfunde von Klein-Roscharden (Kreis Cloppenburg). Oldenburger Jahrb. 51, 1951, 151 ff. Taf. 5,4–5.

Abb. 52 Miniaturen aus dem Ruotpertus-Evangeliar von Prüm aus dem mittleren 11. Jahrhundert – Oben: Verkündigung. Unten: Drei Frauen am Grabe. – Reproduced from Rylands Latin MS 7 by kind permission of the Director and University Librarian, The John Rylands University Library of Manchester.

Aufgrund ihrer unterschiedlichen Plazierung von Nadel und Nadelhalter zerfallen die Mainzer Goldfibeln in zwei Gruppen. Zur ersten gehören die beiden Adler-Pfauenfibeln, weil ihre Haltevorrichtung genau oder doch annähernd in der Mitte sitzt. Diese »altmodische« Konstruktionsweise ist jedoch kein Beweis für ein höheres Alter, denn andere Fibeln des 11. Jahrhunderts – wie die bronzene Scheiben- und die Kreuzfibel aus Starigard/Oldenburg oder die Kreuzemailfibel aus Frauengrab 181 von Kranj (vgl. Abb. 50)[203] – besitzen sie ebenfalls. Sie deutet allenfalls auf eine bestimmte Funktion hin, nämlich darauf, daß solche Fibeln vermutlich nur als Mantelfibeln mitten auf der Brust getragen worden sind[204]. Bei den Fibeln der zweiten Gruppe – den Buckel- und Kegelfibeln ohne Bodenplatte – ist die Nadelkonstruktion an den oberen Fibelrand versetzt, um ein Überkippen der Schmuckstücke zu vermeiden. Diese Fibeln dürften vorwiegend zum Schmuck und Verschluß von Frauenkleidern gedient haben. Daß sie aber gelegentlich auch von Männern als Mantelfibeln getragen wurden, zeigt das Bildnis Kaiser Konrads II. mit einer Kegelfibel vom Mainzer Typ im Speyerer Evangeliar Heinrichs III. (vgl. Taf. 3,1). Allerdings könnte es sein, daß solche Fibeln den Mantel nicht selbst verschlossen haben, sondern lediglich dazu dienten, das verknotete Mantelende zu verbergen, wozu sie wegen ihrer hohlen Kegelform besonders gut geeignet gewesen sein dürften.
Otto von Falke hat die Mainzer Adler-Pfauenfibeln als typische »Frauenfibeln« bezeichnet[205]. Tatsächlich wurden bisher die Adlerfibeln ebenso wie alle anderen hochmittelalterlichen Fibeln ausschließlich in Frauengräbern gefunden. Daraus kann man aber dennoch nicht schließen, daß es sich um »Frauenfibeln« handeln müsse. Schon in der Merowingerzeit war es nämlich nicht mehr üblich, Männer – weder Geistliche noch Laien – mit einem gefibelten Mantel zu bestatten. Aus diesem Grund muß die Frage, ob es in ottonischer und salischer Zeit geschlechtsspezifische Fibeln gegeben hat, unbeantwortet bleiben. Auch die wenigen bildlichen Darstellungen helfen hier nicht weiter.

Fingerringe

Im Unterschied zu den Fibeln ist den neun Goldfingerringen des Schatzes bisher nur wenig Aufmerksamkeit geschenkt worden, obwohl sie für die Fragen nach der Entstehungs- und Vergrabungszeit sowie nach der Eigentümerin der Schmuckstücke von besonders großer Bedeutung sind. Alle Ringe hatte O. von Falke zum Krönungsschmuck der Kaiserin Gisela gerechnet und infolgedessen in die Zeit um 1025 datiert[206]. Sie unterscheiden sich aber nicht nur ihrer inneren Weite nach, sondern stellen auch eine Kollektion aus »altmodischen« und »modernen« Formen dar, die über einen etwas längeren Zeitraum hinweg zusammengetragen worden ist. Ottonische Fingerringe des 10. Jahrhunderts sind unter ihnen aber ebensowenig zu finden wie typische Ringe des 12. Jahrhunderts.

Abb. 53 Auf- und Seitenansichten des goldenen Münzfingerringes aus dem Mainzer Schatz der Kaiserin Agnes (Kat. Nr. 13). – Kunstgewerbemuseum Berlin, Schloß Köpenick. – M = 3:2.

203 I. Gabriel, Hof- und Sakralkultur sowie Gebrauchs- und Handelsgut im Spiegel der Kleinfunde von Starigard/Oldenburg. Ber. Röm. German. Komm. 69, 1988, 141 Abb. 13,4–5. – Valič (Anm. 196) Taf. Y 205.

204 von Falke (Anm. 197) 16. – Heller, Schneider u. Dennert (Anm. 186) 30.

205 von Falke (Anm. 197) 15.

206 von Falke (Anm. 197) 17f. Taf. 5.

Zu den altertümlichsten Formen der Ringsammlung gehören die beiden Münzfingerringe mit Schienenenden in Gestalt antithetischer Löwen. Je zwei Löwen tragen mit ihren nach vorn gestreckten Tatzen und ihrem breiten Maul den scheibenförmigen Ringkopf, der bei dem einen Exemplar aus einer mit Perldraht umrandeten Goldmünze des römischen Kaisers Aurelian (270–275) besteht (Kat. Nr. 13, Taf. 7,5; 14,1; Abb. 53). Der andere – nicht mehr erhaltene – Ring hatte auf seinem scheibenförmigen Kopf anscheinend einen Goldbrakteaten getragen, der aber schon bei der Auffindung stark beschädigt und nur noch rudimentär erhalten war (Kat. Nr. 14, Abb. 54). Auf seiner schmalen, etwas tiefer liegenden Randzone standen zehn Filigrandrahtkegel und vier Türmchen aus je drei Goldblechröhrchen, die eine Pyramide aus vier Goldkugeln trugen. Da ebensolche Türmchen in Verbindung mit Filigrandrahtkegeln sonst nur noch auf einem um 1000 entstandenen Evangeliar Ottos III. und auf dem sogenannten Heinrichsportatile (1014–1024)[207] sowie auf dem Mittelquadrat des von Konrad II. gestifteten Reichskreuzes (Abb. 55)[208] zu finden sind, kann dieser Fingerring in den Übergang von spätottonischer zu salischer Zeit datiert werden. Darauf deuten auch die löwenartig gestalteten Enden der Ringschiene hin. Ähnliche Löwenprotome mit nach vorn gestreckten Tatzen kommen nämlich auf den Rändern der Emailscheibenfibeln vom Typ Torcello (Abb. 56) vor, welche gegen Ende der Regierungszeit Kaiser Heinrichs II. aus der Mode kamen[209].

Abb. 54 Schrägansicht des Goldfingerringes mit löwenförmigen Schienen aus dem Mainzer Schatz der Kaiserin Agnes (Kat. Nr. 14). – M = 3:2.

Der gleichen Zeit wie die beiden Mainzer Ringe gehört auch ein Goldring im Schmuckmuseum Pforzheim an, bei dem die Löwen keine Münze, sondern eine rechteckige Platte mit der niellierten Inschrift PAX (Abb. 57) tragen[210]. Dieses Exemplar scheint der Prototyp einer vermutlich in Italien beheimateten und auf dem Balkan weit verbreiteten Ringform zu sein, die nicht karolingisch ist, sondern aufgrund von Grabbeigaben wie den dickstabigen Schläfenringen mit S-Schleifenende aus Grab 220 von Majs[211] in das 11. Jahrhundert datiert werden kann. Letztlich gehen alle hochmittelalterlichen Fingerringe mit löwenförmigen Schienen auf antike Vorbilder zurück[212].

207 P. E. Schramm u. F. Mütherich, Denkmale der deutschen Könige und Kaiser (1962) Nr. 108 und 134 Taf. 321 und 353.

208 Schramm u. Mütherich (Anm. 207) 170 Nr. 145 Taf. 373. – G. Swarzenski, Monuments of Romanesque Art (1953) Abb. 79. – H. Fillitz, Die Schatzkammer in Wien (1986) 166f. Taf. 6.

209 M. Schulze-Dörrlamm, Kreuze mit herzförmigen Armen. Arch. Korrbl. 18, 1988, 407ff. Abb. 2. – Giesler (Anm. 166) 63 Abb. 3,4.

210 H. Battke, Geschichte des Ringes (1953) 48f. Taf. 11,59.

211 A. Kiss, Baranya megye X–XI. századi sírleletei (1983) 91 Taf. 24, 220. – Zur Ringform ausführlich G. Marjanović, Une bague avec l'inscription PAX. Zbornik Narodn. Muz. Beograd 12-1, 1986, 226f. Abb. 1–9. – Für eine Datierung des Pforzheimer Ringes in die Karolingerzeit (Karl der Große. Kat. Aachen [1965] 384 Nr. 564e) gibt es keinen überzeugenden Grund.

212 Vgl. den spätantiken Goldarmring in der Walters Art Gallery (M. C. Ross, Early Christian and Byzantine Art. Kat. Baltimore [1947] 105 Taf. 68,506. – K. Weitzmann [Hg.], Age of Spirituality. Kat. New York [1977/78] 305ff. Nr. 278), den Saphir-Ring aus Rom und den vermeintlich »etruskischen« Löwenring im British Museum (F. H. Marshall, Catalogue of the Finger Rings. Greek, Etruscan and Roman [1907] 54. 139 Taf. 8,300 und 32,855).

Abb. 55 Detailansicht des Reichskreuzes Kaiser Konrads II., um 1030. – Kunsthistorisches Museum Wien.

Abb. 56 Emaillierte Kreuzemailfibel aus Torcello, Italien, spätes 10. bis frühes 11. Jahrhundert (nach Giesler). – M = 1:1.

Abb. 57 Goldfingerring mit löwenförmigen Schienen und der niellierten lateinischen Inschrift »Pax«. – Schmuckmuseum Pforzheim. – Dm. 2,4 cm.

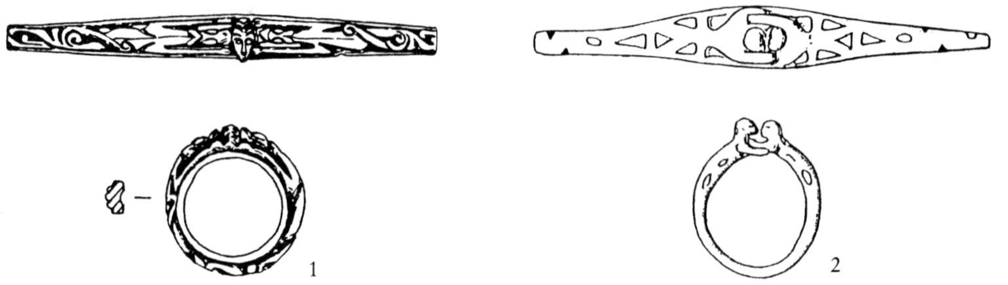

Abb. 58 Hochmittelalterliche Fingerringe mit anschwellendem Kopf. – 1 Goldring aus York (nach Mac Gregor). – 2 Goldring aus der Kirche im Burgwall Alt-Lübeck (nach Neugebauer). – M = 2:3.

Außer diesen »Löwenringen« mit seitlich ausgestreckten Tatzen gab es im Hochmittelalter aber auch Fingerringe mit antithetischen Drachen (Abb. 58,1) auf dem schmalen Ringkopf[213] und sogar Liebesringe mit einem Ringkopf in Gestalt eines sich küssenden Liebespaares (Abb. 58,2), wie den längst verschollenen Goldring aus einem Grab im Innern der um 1100 erbauten Steinkirche des slawischen Burgwalls von Alt-Lübeck[214].

Abb. 59 Goldfingerring mit antiker Gemme vom Kuhberg in Ulm, 11. Jahrhundert – Ulmer Museum. – Dm. 2 cm.

Hochmittelalterliche Fingerringe, deren schmale Randzone ebenso wie bei einem der Mainzer »Löwenringe« mit Filigrandrahtkegeln besetzt ist, sind bisher auf dem Kuhberg in Ulm (Abb. 59)[215] sowie in den slawischen Gräberfeldern des 10./11. Jahrhunderts von Bardovac und Armantovici[216] gefunden worden. Um ein besonders bemerkenswertes Schmuckstück handelt es sich bei dem verschollenen Ring (Kat. Nr. 15, Abb. 60) mit einer bandförmigen Schiene, welche mit einem Zopf aus Filigrandraht belegt ist. Sein Kopf besteht aus einer gegossenen, reliefierten Goldplatte in hoher Zargenfassung mit einem schmalen, tieferliegenden Rand, auf dem ein Wellenband aus Goldblech verläuft. Das Relief zeigt den nach rechts gewendeten Kopf eines Herrschers mit Zackenkrone und kurzem Bart. Der Ring ist nach dem Vorbild byzantinischer Fingerringe des späten 10. und frühen 11. Jahrhunderts gearbeitet, deren

213 Ein Ring stammt aus York (R. Cramp, Anglian and Viking York [1967] 18 Taf. 7. – Mac Gregor, in: R. A. Hall, Viking Age York [1978] 42 Abb. 24,9. – Vikingerne in England. Kat. Breda [1981] 50 Nr. C11), ein zweites Exemplar unbekannter Herkunft befindet sich im British Museum (D. M. Wilson, Anglo-Saxon ornamental metalwork 700–1100 in the British Museum [1964] 206 Taf. 42,146).

214 W. Neugebauer, Der Burgwall Alt-Lübeck. Offa 21–22, 1964–1965, 240 Abb. 41,5.

215 Bisher wurde er irrtümlich für merowingisch gehalten (W. Veeck, Die Alamannen in Württemberg [1930] 346 Taf. 6,10).

216 Bardovac: G. Marjanović-Vujović, Jewelry from Medieval necropolises in Serbia from the 9th to the 12th centuries. In: Jewelry on the territory of Serbia. Kat. Belgrad (1982) Nr. 58 – Armantovici: I. Čremosnik, Glasnik Sarajevo NS. 6, 1951, 241 ff. Taf. III,3.

Abb. 60 Aufsicht und Seitenansicht des Goldfingerringes mit Kaiserbildnis aus dem Mainzer Schatz der Kaiserin Agnes (Kat. Nr. 15). – M = 3:2.

Abb. 61 Münze Kaiser Heinrichs III. aus der Münzstätte Leeuwarden. – Berlin, Staatl. Münzkabinett (nach Schramm). – M = 2:1.

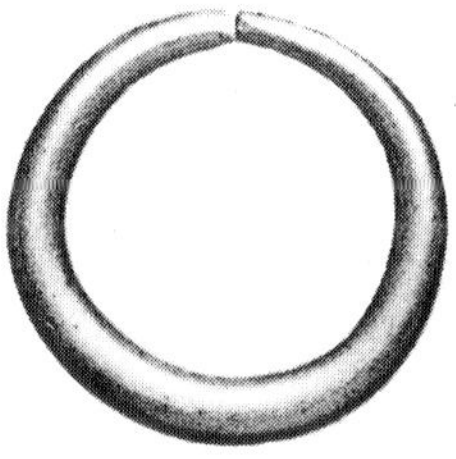

Abb. 62 Goldfingerring mit zusammengebogenen Schienen aus dem Mainzer Schatz der Kaiserin Agnes (Kat. Nr. 16). – M = 3:2.

Scheibenkopf von aufgefädelten Perlen umringt ist, so wie die Goldfingerringe aus dem Schatz von Preslav (971) und aus dem Schatz von Saaz (T.p. 1015/1020)[217]. Daß es sich bei dem auf dem Mainzer Ring dargestellten Herrscher nicht etwa um Heinrich II. oder Konrad II.[218], sondern vielmehr um Kaiser Heinrich III. (1039–1056) handeln dürfte, läßt sich aus der Kronenform erschließen. Mit ihren breiten, rahmenartigen Zacken gleicht sie nämlich den Zackenkronen auf Münzen Heinrichs III., insbesondere jenen, die in Leeuwarden (Abb. 61) geprägt wurden. Die Kronen Heinrichs II. und Konrads II. weisen dagegen noch ganz steile, schmale und volle Zacken auf, während die Krone Heinrichs IV. auf den in Mainz geprägten Münzen zwar breite, rahmenartige Zacken besitzt – aber diese tragen dicke Kugeln[219].

217 Preslav: T. Totev, Der Schatz von Preslav. Bull. Mus. Nat. Varna 22, 1986, 81ff. Taf. 16,5–6. – A. Ančev, La Bulgarie médiévale. Kat. Paris (1980) Abb. 169. – Saaz: H. Preidel, Der Silberschatz von Saaz. Mannus 31, 1939, 538ff. Taf. II, 24.

218 Für Konrad II. sprach sich J. Deér aus (J. Deér, Mittelalterliche Frauenkronen in Ost und West. In: P. E. Schramm, Herrschaftszeichen und Staatssymbolik 2 [1955] 430), P. E. Schramm hielt dagegen den Dargestellten wegen des kurzen Bartes eher für Heinrich II. oder Heinrich III. (P. E. Schramm, Die deutschen Könige und Kaiser in den Bildern ihrer Zeit 751–1190, hg. v. F. Mütherich [1983] 226 Abb. 140).

219 Zu den Münzen Heinrichs III. aus Leeuwarden (Schramm [Anm. 218] 229ff. Nr. 154 Taf. 399,8–9), zu den Münzen Heinrichs II., Konrads II. und Heinrichs IV. mit Zackenkrone (Schramm [Anm. 218] Taf. 370,14; 371,27; 390, 29 und 426,61).

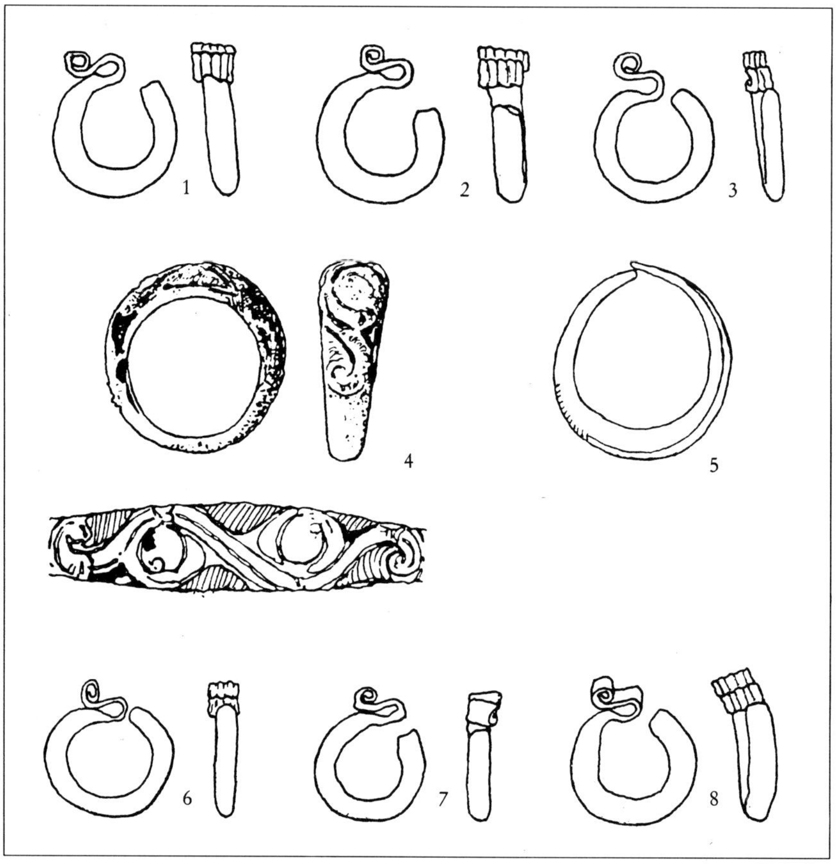

Abb. 63 Schmuckbeigaben aus dem slawischen Frauengrab 90 von Lutomiersk, Distr. Lodz (nach Nadolski, Abramowicz u. Poklewski). – M = 1:1.

Da es in der Salierzeit im Deutschen Reich keine Goldprägung gab, handelt es sich bei dem goldenen Relief des Mainzer Ringkopfes nicht um eine Münze, sondern um ein eigens angefertigtes Herrscherbild. In Anbetracht des von den byzantinischen Kaisern und auch von den ungarischen Herrschern des 11./12. Jahrhunderts geübten Brauches, einen Ring mit dem Bildnis des Ehegatten zu tragen, dürfte dieser kleine Fingerring seine Trägerin als »Consors Imperii« ausgewiesen haben[220]. In diesem Fall müßte er dann das Eigentum der Kaiserin Agnes gewesen sein.

Bei weitem nicht so gut datierbar wie die drei Fingerringe mit Scheibenkopf ist der schlichte, völlig unverzierte Goldring (Kat. Nr. 16, Abb. 62). Mit seinem dicken, rundstabigen Reif und den spitz zulaufenden, zusammengebogenen Enden gehört er einem langlebigen, weit verbreiteten Typ an. Nach den Befunden in den ostalpinen Frauengräbern der Stufe Bijelo-Brdo I zu urteilen, kam dieser im Laufe des letzten Drittels des 10. Jahrhunderts in Mode und wurde erst gegen Mitte des 11. Jahrhunderts von den noch dickstabigeren, aber facettierten Fingerringen verdrängt[221].

Einfache, unverzierte Fingerringe wurden oft gemeinsam mit einem Schmuckring getragen. Darauf deuten jedenfalls die entsprechenden Kombinationen im Schatz von Saaz (T.p. 1015/20)[222] und im Frauengrab 90 von Lutomiersk (Abb. 63)[223] hin. Wegen ihrer Schlichtheit dürfte es sich um Verlobungs-

220 Schramm u. Mütherich (Anm. 207) 40. – Deér (Anm. 218) 430. – Schramm (Anm. 218) 226.

221 J. Giesler, Untersuchungen zur Chronologie der Bijelo Brdo-Kultur. Praehist. Zeitschr. 56, 1981, 110 Taf. 53,25.27–28.

222 Preidel (Anm. 217) 538 ff. Taf. II,24.

223 A. Nadolski, A. Abramowicz u. T. Poklewski, Cmentarzysku z XI wieku w Lutomiersku pod Lodzia. Acta Arch. Univ. Lodz 7, 1959, 79 Taf. 63,5–6.

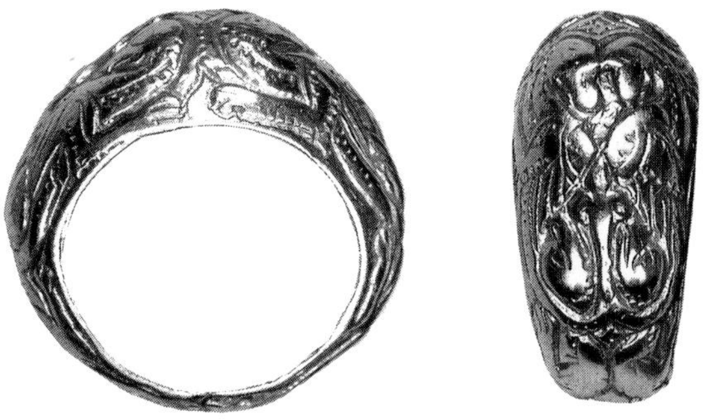

Abb. 64 Goldfingerring mit paarigen Vogelreliefs aus dem Mainzer Schatz der Kaiserin Agnes (Kat. Nr. 17). – Kunstgewerbemuseum Berlin, Schloß Köpenick. – M = 3:2.

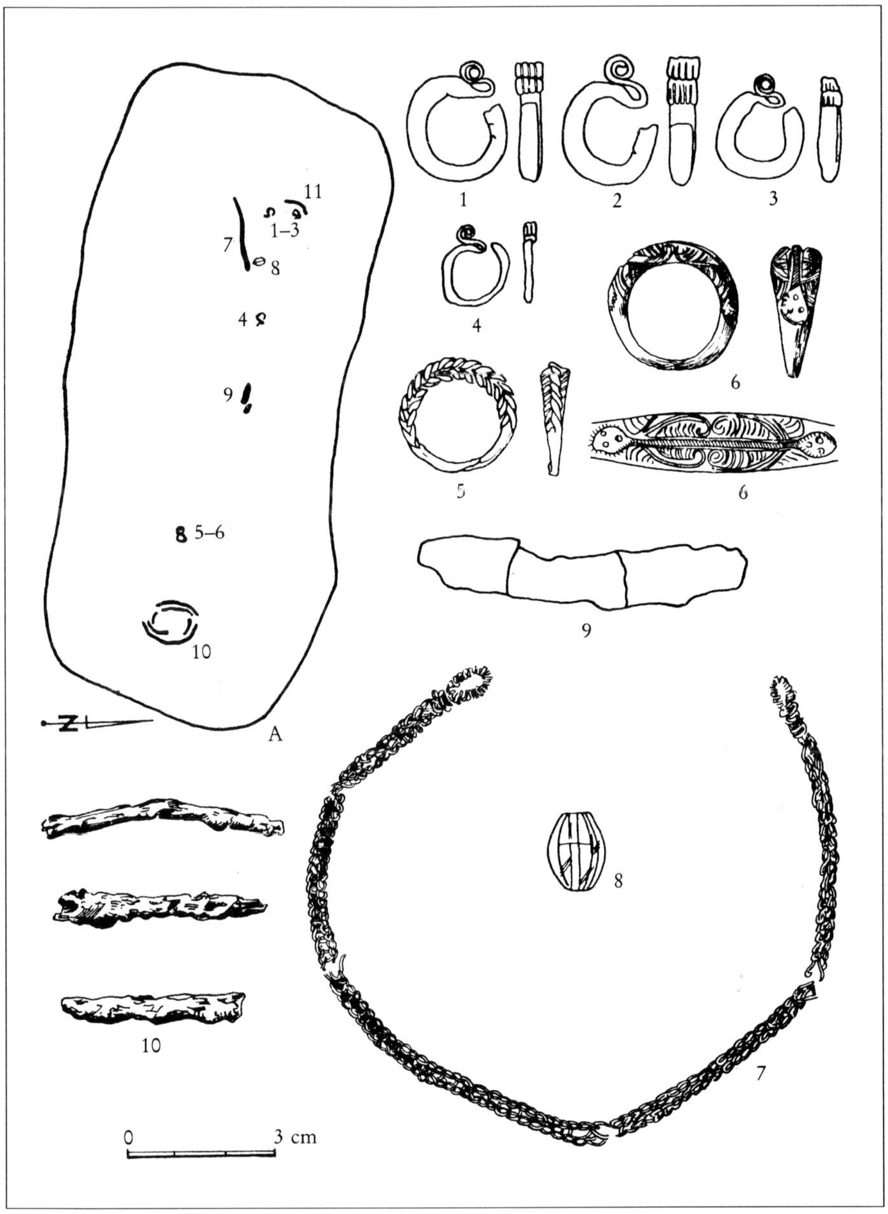

Abb. 65 Beigaben und Lageskizze des slawischen Frauengrabes 94 von Lutomiersk, Distr. Lodz, aus der zweiten Hälfte des 11. Jahrhunderts (Nach Abramowicz u. Gupiniec).

beziehungsweise um Eheringe gehandelt haben. Der Mainzer Ring besitzt die gleiche innere Weite wie der Ring mit dem Bildnis Heinrichs III. und könnte daher eventuell der Verlobungsring der Kaiserin Agnes gewesen sein.

Nur ein einziger Mainzer Fingerring aus hohlem Goldblech ist mit getriebenen und punzierten Reliefs verziert. Jede Seite dieses Ringes mit anschwellendem Kopf (Kat. Nr. 17, Taf. 7,9; 14,1; Abb. 64) zeigt das Relief eines Vogelpaares in Blattranken, das sich einander zuwendet und dessen Köpfe sich im Scheitelpunkt des Ringes beinahe berühren.

Fingerringe vergleichbarer Form wurden bisher vorwiegend auf westslawischem Gebiet gefunden. Neben den allesamt mit getriebenen Ranken verzierten Ringen aus dem um 1058 erbauten spätslawischen Burgwall von Alt-Lübeck[224], aus einem Haus des 11. Jahrhunderts in der Burg von Breslau[225] und aus den slawischen Gräbern 90 (Abb. 63) und 94 von Lutomiersk (Abb. 65)[226] gehören auch die Fingerringe von Warder[227] und aus dem Schatz von Polkern[228] in diesen Kreis, obwohl sie nicht mit Reliefs, sondern mit aufgelöteten Drahtranken und Goldkügelchen verziert sind.

Der Ring aus Polkern kann, da das Münzspektrum nicht bekannt ist, mit Hilfe der im Schatz enthaltenen Ohrringe allgemein in das 11. Jahrhundert datiert werden. Konkretere Hinweise auf das Alter des Ringtyps liefern aber die Beigaben der zwei slawischen Frauengräber von Lutomiersk. In beiden lagen dickstabige S-Schleifenohrringe des späten 11. und des 12. Jahrhunderts. Darüber hinaus enthielt Grab 90 (Abb. 63) einen zusammengebogenen Fingerring vom Typ Giesler 27 aus der zweiten Hälfte des 11. Jahrhunderts[229] und Grab 94 (Abb. 65) sogar einen geflochtenen und zusammengebogenen Ring vom Typ Giesler 30 aus dem letzten Drittel des 11. Jahrhunderts[230]. Man wird daher auch den Mainzer Fingerring in die zweite Hälfte des 11. Jahrhunderts einstufen dürfen.

Um ein besonders außergewöhnliches Stück handelt es sich bei dem Fingerring aus hohlem Goldblech mit einer Amethysteinlage im überhöhten, breitovalen Kopfteil und mit Schienen, die eine Verzierung aus je drei durchbrochenen Kreispalmetten (Kat. Nr. 18, Taf. 7,6; 14,1; Abb. 66) tragen. Ein ähnlich à jour gearbeiteter Fingerring ist bisher in Mittel- und Westeuropa nicht gefunden worden. Sein durchbrochenes Rankenwerk geht offenbar auf Einflüsse aus dem fatimidischen Kunsthandwerk[231] zurück. Im Vorderen Orient hat man nämlich im 11. Jahrhundert zahlreiche hohle, durchbrochene Goldfingerringe mit Filigrandrahtranken (Abb. 67) gefertigt[232], so wie zum Beispiel das im Schatzfund von Tiberias enthaltene Exemplar[233].

Formal gleicht der Mainzer Ring byzantinischen Siegelringen des 10. bis 11. Jahrhunderts[234]. Letztendlich gehört er zu einem Ringtyp, der im Mittelmeerraum eine sehr lange, nämlich bis in die Römerzeit[235] zurückreichende Tradition besaß. In Byzanz lebte dieser Typ während des frühen Mittelalters kontinuierlich fort[236], und er wurde in Mitteleuropa schon zur Karolingerzeit von einheimischen

224 Neugebauer (Anm. 214) 240 Taf. 37,2. – G. P. Fehring, Der slawische Burgwall Alt Lübeck. In: 25 Jahre Archäologie in Lübeck. Lübecker Schr. Arch. u. Kulturgesch. 17 (1988) 42.

225 B. Czerska u. J. Kaźmierczyk, Wroclaw-Ostrów Tumski in the light of the 1984 investigations. Slaskie Sprawozdania Arch. 27, 1988, 64 Taf. 28,6.

226 Nadolski, Abramowicz u. Poklewski (Anm. 223) Taf. 63,5–6,8–9. – A. Abramowicz, A. Gupiniec u. M. Młynarska, Haut Moyen Age. Inventaria Arch. Pologne 1 (1958) Taf. 7.

227 Schleswig-Holstein in 150 archäologischen Funden. Kat. Schleswig (1986) Nr. 131. – H. O. Nielsen, Physikalische Untersuchungen am Goldring von Warder, Kreis Segeberg. Offa 44, 1987, 181 ff.

228 P. Kupka, Der Silberfund von Polkern. Beitr. Gesch. Altmark 2, 1, 1906, 123 ff. – J. Herrmann u. P. Donat (Hg.), Corpus archäologischer Quellen zur Frühgeschichte 1 (1973) 178 Nr. 19/54.

229 Giesler (Anm. 221) 109 ff. Taf. 53,27.

230 Giesler (Anm. 221) 109 ff. Taf. 53,30.

231 Durchbrochene Kreispalmetten schmückten z. B. auch den islamischen Bronzedreifuß in Löwengestalt aus dem Anfang des 12. Jahrhunderts. (A. Papadopoulo, Islamische Kunst 2 [1982] Abb. 411).

232 Vgl. B. Segall, Katalog der Goldschmiedearbeiten. Benaki Museum Athen (1938) 182 Nr. 296. – N. Brosh, Islamic Jewellery (1987) 14. – R. Hasson, Early Islamic Jewellery (1987) 83 Nr. 110.

233 Brosh (Anm. 232) 11.

234 A. B. Chadour u. R. Joppien, Schmuck II. Fingerringe (1985) 110 ff. Nr. 179–183.

235 B. Deppert-Lippitz, Goldschmuck der Römerzeit im Römisch-Germanischen Zentralmuseum. Kataloge RGZM 23 (1985) Taf. 36.

236 Vgl. u. a. die auf Sizilien gefundenen Ringe (P. Orsi, Sicilia Bizantina [1943] 156 f. Abb. 71–72), den Ring des 9./10. Jahrhunderts aus Konstantinopel (M. C. Ross, Jewelry, enamels and art of the Migration Period. Catalogue of the Byzantine and Early Medieval antiquities in

Abb. 66 Hohler Goldfingerring mit durchbrochener Rankenornamentik aus dem Mainzer Schatz der Kaiserin Agnes (Kat. Nr. 18). – Kunstgewerbemuseum Berlin, Schloß Köpenick. – M = 3:2.

Abb. 67 Fatimidischer Goldfingerring mit Filigranornamentik, 11. Jahrhundert (nach Hasson).

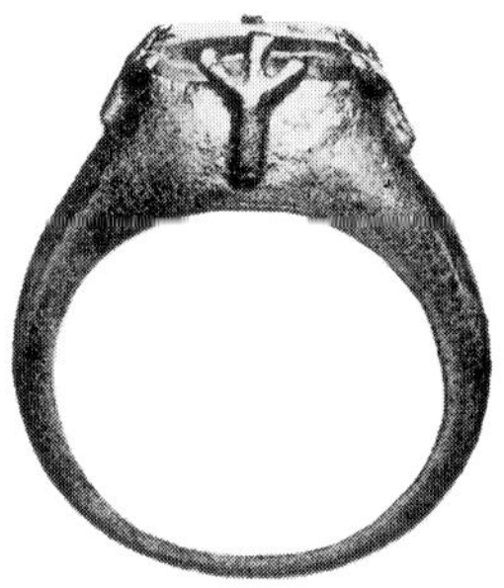

Abb. 68 Goldfingerring mit Saphir in dreifingeriger Krallenfassung aus dem Mainzer Schatz der Kaiserin Agnes (Kat. Nr. 19). – M = 3:2.

Goldschmieden imitiert[237]. Form und Verzierung lassen gleichermaßen den Schluß zu, daß der Mainzer Goldfingerring mit durchbrochenen Kreisranken ein Importstück aus dem Mittelmeerraum oder zumindest die Arbeit eines byzantinischen Goldschmieds gewesen sein könnte.

Um die einheimische Imitation eines byzantinischen Fingerrings nach Art des vorgenannten dürfte es sich bei dem hohlen Goldring mit überhöhtem Kopfteil handeln, dessen mugeliger Saphir von vier dreifingrigen Krallen gehalten wird (Kat. 19, Abb. 68). Solche Krallenfassungen sind besonders typisch für Goldschmiedearbeiten des frühen bis mittleren 11. Jahrhunderts. Sie kommen bereits am Giselakreuz (um 1006)[238], am Nimbus des Christuskindes der Essener Madonna aus der Zeit Heinrichs II[239], auf

the Dumbarton Oaks Collections 2 [1965] Nr. 112 Taf. 60) und den Ring aus Frauengrab 791 von Birka (I. Jansson, Wikingerzeitlicher orientalischer Import in Skandinavien. Ber. Röm. – German. Komm. 69, 1988, 578 Abb. 6,2 – H. Arbman, Birka I. Die Gräber [1940–1943] Abb. 236).

237 Vgl. den Fingerring im British Museum (D. M. Wilson, A Carolingian Finger-Ring. British Museum Quarterly 21, 1957–1959, 80 ff. Taf. 26) und den rankenverzierten Ring aus Grab 158 von Břeclav-Pohansko (B. Dostal, Břeclav-Pohansko 1 [1971] 104 Abb. 158,1 Taf. 34,5).

238 Schramm u. Mütherich (Anm. 207) 143 Taf. 366.

239 H. Fillitz, Studien zur römischen Reichskrone. Jahrb. Kunsthist. Sammlungen Wien 50, 1953, 32 Abb. 18.

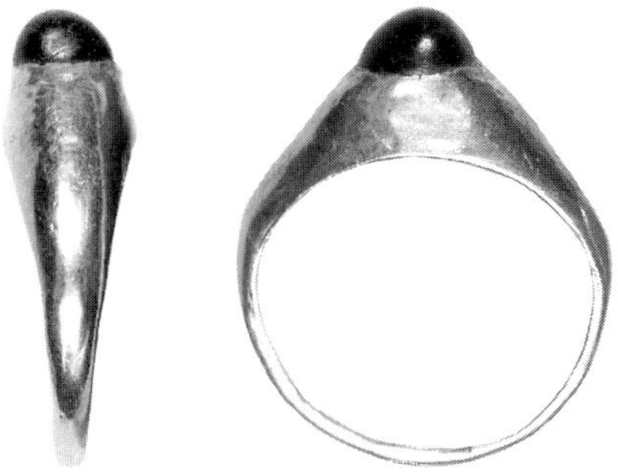

Abb. 69 Seitenansichten des goldenen Steigbügelrings mit Saphireinlage aus dem Mainzer Schatz der Kaiserin Agnes (Kat. Nr. 20). – Kunstgewerbemuseum Schloß Köpenick. – M = 3:2.

Abb. 70 Auf- und Seitenansicht des Goldenen Steigbügelrings mit Saphireinlage aus dem Grab des Erzbischofs Bezelin († 1043) im Bremer Dom. – M = 3:2.

Kreuz und Platten der Kaiserkrone (vgl. Abb. 85)[240] und auch bei der Kegelfibel aus Minden (vgl. Abb. 18)[241] und der Fibel mit Trommelkranz aus Schleswig (vgl. Abb. 26)[242] vor, welche beide in der Regierungszeit Konrads II. entstanden sind. Sie schmücken aber auch zwei der Mainzer Halbmondohrringe aus dem mittleren Drittel des 11. Jahrhunderts (Taf. 7,1–2). Dann treten sie sogar noch bei einzelnen Edelsteinfassungen auf dem Evangeliar von Helmarshausen um 1100 (vgl. Abb. 12) auf[243]. Die auf das Goldblech aufgelöteten gestielen Krallen deuten übrigens darauf hin, daß dieses Schmuckstück von jenem Goldschmied geschaffen worden sein könnte, der auch eine Edelsteinfassung auf dem Vorderdeckel des Tuotilo-Evangeliars[244] angefertigt und mit den gleichen Krallen versehen hat. Da diese mit einem Ring aus Goldkugeln verzierte Fassung eine gewisse Ähnlichkeit mit der Edelsteinfassung im Zentrum des Kreuzes der Reichskrone (Abb. 85) hat, wird man den Mainzer Ring in frühsalische Zeit datieren dürfen. Immerhin entspricht seine lichte Weite von 1,7 × 1,9 cm genau jener des Ringes mit drachenförmigen Schienen und einer Goldmünze des Kaisers Aurelian, der in der gleichen Zeit entstanden ist. Daß der Ringtyp an sich – wenn auch mit schlichteren Edelsteinfassungen – bis in das frühe 12. Jahrhundert hinein gebräuchlich blieb, beweist der Goldfingerring mit Saphireinlage aus dem Grab des 1118 verstorbenen Krakauer Bischofs Maurus[245].

240 Fillitz (Anm. 208) Taf. 1 ff.

241 H. Westermann-Angerhausen, Ottonischer Schmuck, neue Funde und Überlegungen, Jewellery studies 1, 1983–1984, 21 ff. Abb. 4,13.

242 H. Westermann-Angerhausen, Ein ottonisches Schmuckstück aus dem Rheinland in Schleswig. Beitr. Schleswiger Stadtgesch. 22, 1977, 7 ff. Abb. 1–3.

243 A. Legner, A. u. I. Hirmer, Deutsche Kunst der Romanik (1982) Nr. 79 Abb. 107.

244 J. Duft u. R. Schnyder, Die Elfenbein-Einbände der Stiftsbibliothek St. Gallen (1984) 86 Abb. A Taf. VI und XIV.

245 A. Zaki, Archaeologia Malopolski (1974) 331 Abb. 283c. – J. Braun, Bischofsring. RDK 2 (1948) 786 Abb. 3–4.

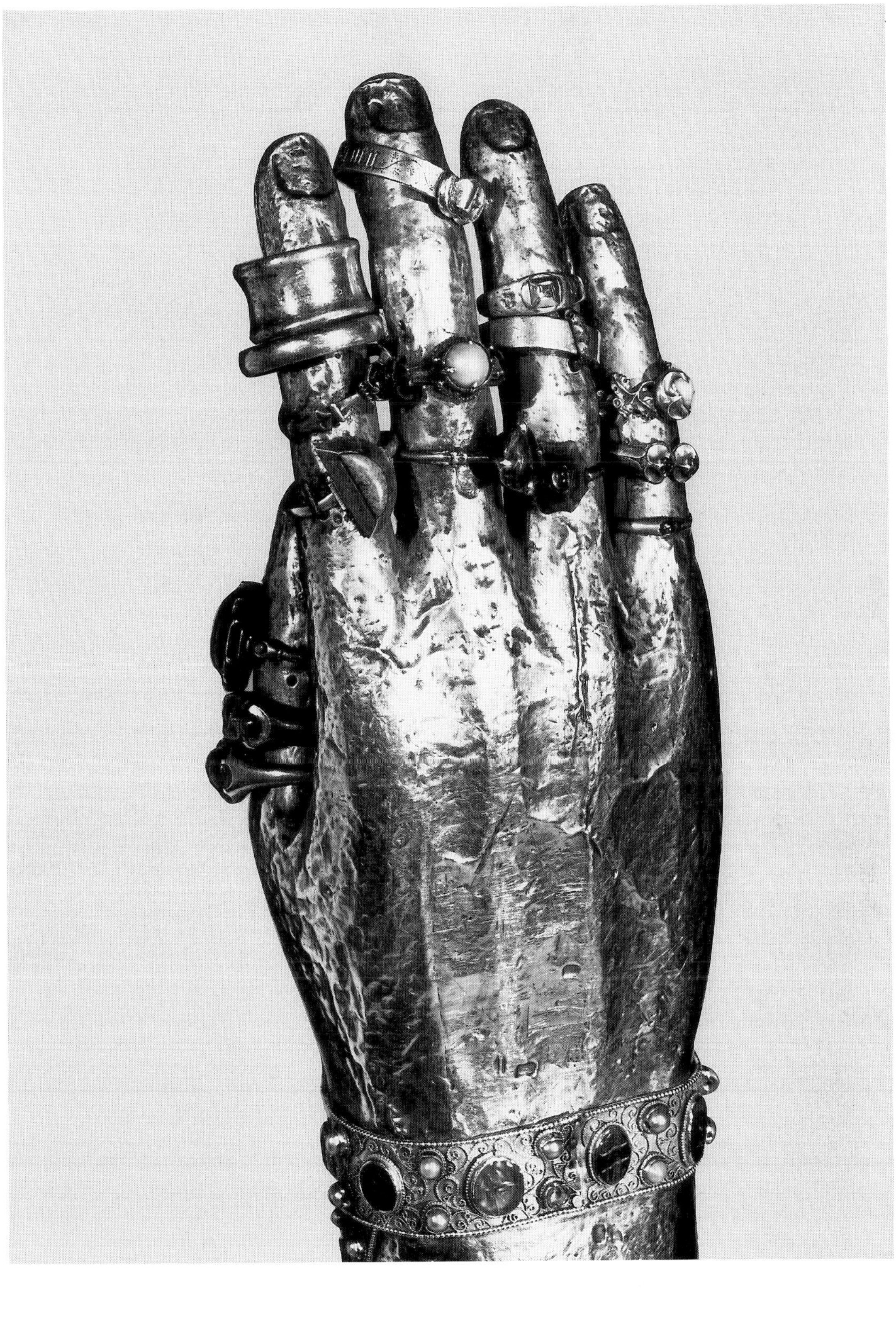

Abb. 71 Detailansicht der Hand vom Armreliquiar des hl. Blasius (um 1075). – Herzog Anton Ulrich Museum Braunschweig.

Der unverzierte Goldfingerring mit dreieckig überhöhtem und von einem kleinen mugeligen Saphir bekrönten Kopf (Kat. Nr. 20, Taf. 7,7; 14,1; Abb. 69) gehört zum Typ der sogenannten Steigbügelringe[246]. Diese, so glaubte man bisher, sind erst um die Mitte oder gegen Ende des 12. Jahrhunderts in Mode gekommen. Als das älteste sicher datierte Exemplar gilt jener Ring, den Eleonore von Aquitanien († 1204) ihrem Studienfreund Richard »Animal« wahrscheinlich um 1140 geschenkt hat[247]. Diese »klassischen« Steigbügelringe haben jedoch ältere Vorläufer, die ebenso wie der Mainzer Ring noch ein niedrigeres Kopfstück besitzen. Darauf deutet der Goldring aus Grab 6 im Bremer St.-Petri-Dom hin (Abb. 70), in dem allem Anschein nach der 1043 verstorbene Bremer Erzbischof Bezelin bestattet wurde[248], sowie der Fingerring aus Grab 5 der Kathedrale von Durham, dessen Zuweisung an Bischof Geoffrey Rufus (1130–1140) aber nicht ganz gesichert ist[249]. Im Gegensatz zu diesen niedrigen Steigbügelringen mit relativ großer Edelsteineinlage trägt der Mainzer Ring aber bereits den für die »klassischen« Steigbügelringe typischen kleinen halbkugeligen Saphir. Deshalb wird man ihn frühestens in die zweite Hälfte des 11. Jahrhunderts datieren können ebenso wie jenen kleinen Steigbügelring, der als einer der ersten Ringe der Hand des um 1075 geschaffenen Armreliquiars des hl. Blasius aufgesteckt wurde (Abb. 71). Dieser ist nämlich der unterste von drei kleinen Ringen am kleinen Finger des Reliquiars[250].

Unter den Mainzer Goldfingerringen hat der Steigbügelring mit 1,9 × 2,2 cm die größte lichte Weite. Dieses Indiz und die Tatsache, daß goldene Steigbügelringe mit Saphireinlage bisher ausschließlich in Bischofsgräbern gefunden worden sind[251], lassen vermuten, daß der Ring einem Mann gehört haben könnte. Diese Annahme ist aber nicht zwingend, weil einfache Steibügelringe aus Bronze mit Glaseinlage – wie Funde aus den slawischen Gräbern 16/62 und 83/63 von Espenfeld in Thüringen zeigen[252] – durchaus auch von Frauen getragen wurden. Insgesamt hat dieser Ringtyp in Europa eine sehr weite Verbreitung gefunden und ist in England ebenso nachweisbar[253] wie etwa in Polen und Jugoslawien[254].

Der zweite Steigbügelring des Mainzer Schatzfundes (Kat. Nr. 21, Taf. 7,8, 13,3; Abb. 72) besitzt im Unterschied zum erstgenannten ein stärker überhöhtes, aber breiteres Kopfteil mit einem gemugelten, quadratischen Saphir sowie Außenflächen, die ganz mit kleinteiliger Rankenornamentik in buntem Zellenschmelz überzogen sind. Einen gleichartig verzierten Fingerring gibt es bislang nicht. Dennoch beweist seine charakteristische Emaillierung, die jener eines byzantinischen Brustkreuzes aus dem 11. Jahrhundert in der Leningrader Ermitage[255] und der zum Schmuck des byzantinischen Kreuzes von Záviš (1220–1230) verwendeten Halbmonde[256] sowie der eines tropfenförmigen byzantinischen Goldknopfes des 11. Jahrhunderts in den Dumbarton Oaks Collections gleicht[257], daß der Mainzer

246 Battke (Anm. 210) 51 ff. Taf. 11,61. – J. Cherry, Der Ring im Mittelalter. In: Der Ring im Wandel der Zeiten (1981) 56. – English Romanesque Art 1066–1200. Kat. London (1984) 291 Abb. 315. – Chadour u. Joppien (Anm. 234) 128 Nr. 196.

247 Cherry (Anm. 246) 62 Abb. 121. – English Romanesque Art 1066–1200 (1984) 291 Nr. 318.

248 K. H. Brandt, Ausgrabungen im Bremer St.-Petri-Dom 1974–1976. Ein Vorbericht. Bremer Arch. Bl. 7, 1976, 50 Abb. 34. – Ders., Erzbischofsgräber im Bremer St. Petri Dom. Zeitschr. Arch. Mittelalter 4, 1976, 16 ff. Abb. 15,7. – Ders., Die Gräber des Mittelalters und der frühen Neuzeit (1988) 62 ff. Taf. 25,4.

249 English Romanesque Art 1066–1200. Kat. London (1984) 290 Abb. 312.

250 E. Klessmann, Kunst des Mittelalters. Kat. Braunschweig (1981) 7 Abb. 10: vgl. den untersten Ring des kleinen Fingers.

251 Vgl. außer den unter Anm. 247–249 genannten Ringen auch den angeblich von Bischof Hilary († 1167) getragenen Steigbügelring aus Chichester (H. Battke, Geschichte des Ringes [1953] 52).

252 H. Bach u. S. Dušek, Slawen in Thüringen (1971) 36 Abb. 12,9–11 und 24,4.

253 Außer den Goldfingerringen kennt man einen kupfernen Steigbügelring aus King's Lynn (H. Clarke u. A. Carter, Excavations in King's Lynn 1963–1970 [1977] 287 Abb. 1302).

254 Vgl. den Ring aus dem Gräberfeld von Nieporet (L. Rauhut, Wiadomości Arch. 18, 1951–1952, 323 ff. Taf. 33,13) und den Bronzefingerring aus Siedlungsschicht E des 12. Jahrhunderts von der Dominsel in Breslau (J. Kazmierczyk, J. Kramarek u. Cz. Lasota, Silesia Antiqua 18, 1976, 210 Abb. 27) sowie das Exemplar aus dem Gräberfeld von Skradin-Smrdelje (D. Jelovina, Starohrvatske nekropole [1976] 56 Taf. 84,7).

255 A. Bank, Byzantine art in the Collections of Soviet Museums (1985) Abb. 180.

256 Ch. Chytil u. A. Friedl, in: L'Art Byzantin chez les Slaves. Festschr. T. Uspenskij 2 (1932) 394 ff. Taf. 58. – J. Déer, Die Heilige Krone Ungarns (1966) Taf. 86,239. – K. Wessel, Die byzantinische Emailkunst (1967) 165 ff. Abb. 50a.

257 Ross (Anm. 236) 103 Taf. 68.

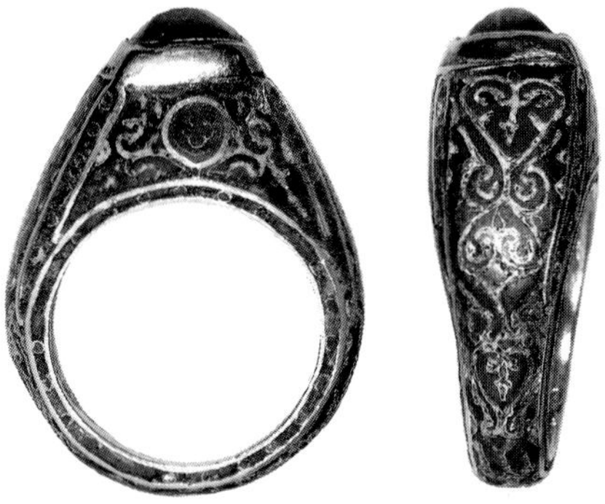

Abb. 72 Emaillierter goldener Steigbügelring mit Saphireinlage aus dem Mainzer Schatz der Kaiserin Agnes (Kat. Nr. 21). – Kunstgewerbemuseum Berlin, Staatl. Museen Preuß. Kulturbesitz. – M = 3:2.

Abb. 73 Fatimidischer Goldfingerring mit Filigranranken-Ornamentik aus Syrien oder Ägypten, 11. Jahrhundert (nach Hasson). H. 3,1 cm.

Fingerring das Werk eines byzantinischen Goldschmieds ist[258]. Immerhin gab es im Byzantinischen Reich Goldfingerringe gleicher Form, die anstelle von emailliertem Rankenwerk Filigranranken tragen und in das 11. Jahrhundert gehören[259]. Wahrscheinlich haben byzantinische und fatimidische Goldfingerringe dieser Machart (Abb. 73) den Anstoß zur Entwicklung der Steigbügelringe in Mitteleuropa gegeben.

Auch der emaillierte Steigbügelring besitzt eine besonders große lichte Weite (1,9 × 2,0 cm) und könnte – ebenso wie der unverzierte Mainzer Steigbügelring mit Saphiereinlage – Eigentum eines Mannes gewesen sein. Denkbar wäre aber auch, daß eine vornehme Frau ihn am Daumen getragen oder ihn – wie es schon O. von Falke vermutete – auf ihren Handschuh gesteckt hat.

Insgesamt ergibt sich aus der Neubearbeitung der neun Mainzer Goldfingerringe, daß diese eine salierzeitliche Schmuckkollektion bilden, in der kein einziges Exemplar aus ottonischer Zeit enthalten ist. Die ältesten Ringe – nämlich jene mit löwenförmigen Schienen – sind schon zu Zeiten Konrads I. und Giselas entstanden, die weitaus meisten aber erst unter Kaiserin Agnes und die jüngsten – vor allem die beiden Steigbügelringe – wohl erst in der Regierungszeit Heinrichs IV. und der Kaiserin Bertha. Dem Ensemble fehlen typische Ringformen des 12. Jahrhunderts, wie die sogenannten Thebalringe[260] oder die

258 Auf die byzantinische Herkunft dieses Ringes wiesen bereits O. von Falke (Ders., Der Mainzer Goldschmuck der Kaiserin Gisela [1913] 18), R. Zahn (Ders., Ausstellung von Schmuckarbeiten in Edelmetall. Kat. Berlin [1932]), H. Schlunk (Ders., Kunst der Spätantike und des Mittelmeerraumes. Kat. Berlin [1939] 18 Taf. 6,38), M. Rosenberg (Ders., Geschichte der Goldschmiedekunst auf technischer Grundlage. Granulation [1918] 98 Abb. 178) und H. Battke (Ders., Die Ringsammlung des Berliner Schloßmuseums [1938] 65 Abb. 45) hin.

259 B. Segall, Katalog der Goldschmiedearbeiten, Benaki Museum Athen (1938) Nr. 286, 298 und 300.

260 Zur Bedeutung der Thebalringe: M. Näbe, Der Leipziger Thebalring. Mannus 11–12, 1919–1920, 383 ff. – E. Grohne, Alte Kostbarkeiten aus Bremischem Kulturbereich (1956) 46 ff. – R. Michelly, Der Spandauer Thebalring. In: A. von Müller u. K. von Müller-Muči, Ausgrabungen und Funde in Spandau (1987) 64 ff. – Vgl. auch den Thebalring aus dem Grab Lothars III. († 1137) in Königslutter (H. Rötting, in: Kirchen, Klöster, Manufakturen [1985] 74 Abb. 8).

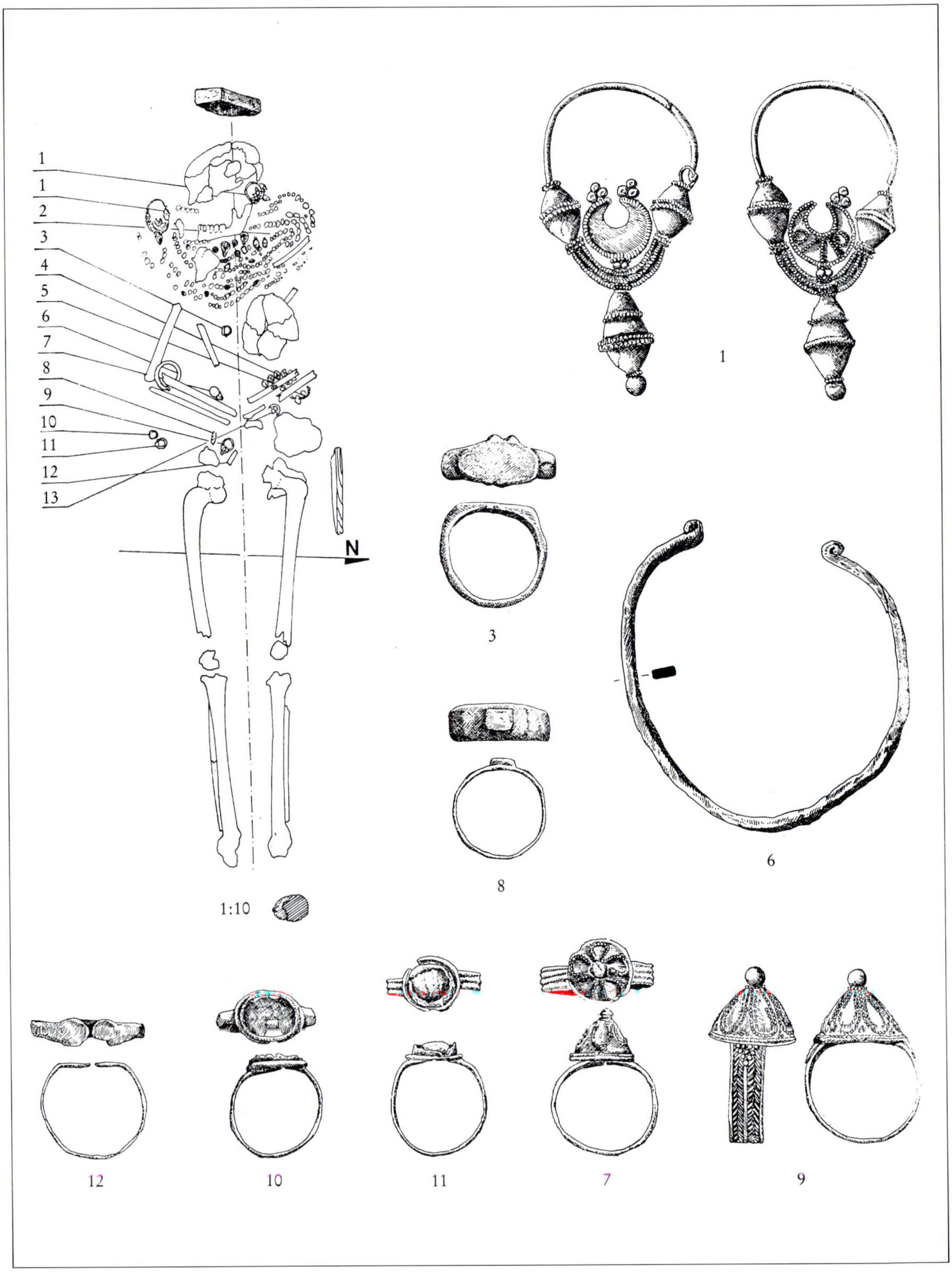

Abb. 74 Schmuckstücke und Lageskizze des slawischen Frauengrabes 46 von Matičane-Breg, Jugoslawien, frühes 11. Jahrhundert (nach Jovanović und Kastelic).

Ringe mit pyramidenstumpfförmigem Kopf[261]. Demnach muß der gesamte Schatz noch vor dem 12. Jahrhundert, kann aber wegen der Steigbügelringe frühestens im Laufe der zweiten Hälfte des 11. Jahrhunderts versteckt worden sein.

Die Ringe scheinen recht unterschiedliche Funktionen erfüllt zu haben. So dürfte der unverzierte Goldring mit zusammengebogenen Enden ein Verlobungs- und späterer Ehering gewesen sein. Diese waren jedenfalls vom späteren Mittelalter an überwiegend schmucklos[262], so wie es heute noch üblich ist. Überdies läßt jene Symbolik, die dem Fingerring mit den Reliefs von Vogelpaaren innewohnt, darauf schließen, daß man im 11. Jahrhundert schon »Liebesringe«[263] kannte.

Ein Zeichen herrscherlicher Würde und ehelicher Verbundenheit war offenbar der Goldfingerring mit dem Kaiserporträt. Da es sich bei dem Dargestellten wegen des kurzen Bartes und der Krone mit breiten, offenen Zacken eher um Heinrich III. als um Konrad II.[264] handelte, dürfte Kaiserin Agnes die Trägerin dieses Ringes gewesen sein.

Der Goldring mit löwenförmigen Schienenenden (Abb. 54) wiederum, der wohl in der gleichen Werkstatt wie der Tragaltar Heinrichs II. und das Reichskreuz Konrads II. (Abb. 55) geschaffen worden ist, bezeugt zumindest, daß seine Besitzerin nur in »allerhöchsten« Kreisen gesucht werden kann. Schließlich belegen auch die zwei byzantinischen Fingerringe nicht nur den Reichtum, sondern auch die hervorragende gesellschaftliche Stellung jener Person, deren Eigentum sie gewesen sind.

Die Mainzer Fingerringe zerfallen aufgrund ihrer unterschiedlichen inneren Weiten in mehrere Gruppen. Daraus folgt aber nicht unbedingt, daß sie verschiedenen Frauen gehört haben müssen. Immerhin war es im Mittelalter durchaus üblich, Ringe an beiden Händen oder sogar mehrere Ringe an einer Hand zu tragen. Anschauliches Beispiel dafür sind die Frauengräber 16 und 46 von Matičane in Jugoslawien (Abb. 74) aus dem frühen und dem mittleren 11. Jahrhundert[265], in denen sieben bis acht Fingerringe von teils unterschiedlicher, teils von sehr ähnlicher Form gefunden wurden. Solche »Ringpaare« sind bezeichnenderweise auch im Mainzer Hort enthalten. Demnach wäre es durchaus möglich, daß eine Kaiserin – wie beispielsweise Agnes – in höherem Alter außer den »altmodischen«, vielleicht sogar ererbten Ringen aus ihrer Jugendzeit natürlich auch Fingerringe »moderner« Machart getragen hat. Auszuschließen ist allerdings auch nicht, daß ihrer Ringkollektion nachträglich noch einige Stücke hinzugefügt wurden.

Stecknadeln

Im Mainzer Schatzfund von 1880 lagen auch zwei kleine Silbernadeln mit filigranverziertem, eiförmigem Kopf aus Goldblech (Kat. Nr. 22–23, Taf. 1; Abb. 75). Diese sind wegen der Kürze ihres Schaftes sicher nicht als Haarpfeile oder Gewandnadeln[266] benutzt worden. Sie dürften vielmehr zur Befestigung eines Schleiers gedient haben. Immerhin wurden kleine Nadeln mit Kugelkopf schon zur Merowingerzeit als Schleiernadeln verwendet, nicht zuletzt auch von der fränkischen Königin Arnegunde[267]. Damals pflegte man den Schleier mit zwei Nadeln im Haar an den Schläfen zu befestigen[268]. Ob dies auch im Hochmittelalter so war, läßt sich aus Mangel an eindeutigen Befunden und Darstellungen nicht mit

261 Zu den ältesten datierbaren Fingerringen dieses Typs gehört der Ring des Trierer Erzbischofs Albero von Montreuil (1131–1152): Schatzkunst Trier. Kat. Trier (1984) 119 Nr. 55c.

262 J. Cherry, Der Ring im Mittelalter. In: A. Ward, J. Cherry, Ch. Gere u. B. Cartlidge, Der Ring im Wandel der Zeit (1981) 59.

263 Cherry (Anm. 262) 59.

264 Schramm u. Mütherich (Anm. 207) 40. – Deér (Anm. 220) 430. – Schramm (Anm. 218) 226.

265 V. Jovanović u. J. Kastelic, Matičane, nécropole sud-slave de X^e et XIe siècle. Inventaria Archaeologica Jugoslavija 25 (1981) Taf. 240 und 245.

266 Haarpfeile und Gewandnadeln pflegen – wie das Beispiel spätkaiserzeitlicher und merowingischer Funde zeigt – stets erheblich länger zu sein (H. W. Böhme, Germanische Grabfunde des 4. bis 5. Jahrhunderts zwischen unterer Elbe und Loire [1974] 35ff. – J. Möller, Zur Funktion der Nadel in der fränkisch-alamannischen Frauentracht. Jahrb. RGZM 23–24, 1976/77, 14ff.).

267 Möller (Anm. 266) 15f. Abb. 1–2.

268 Möller (Anm. 266) 15ff. Abb. 2.

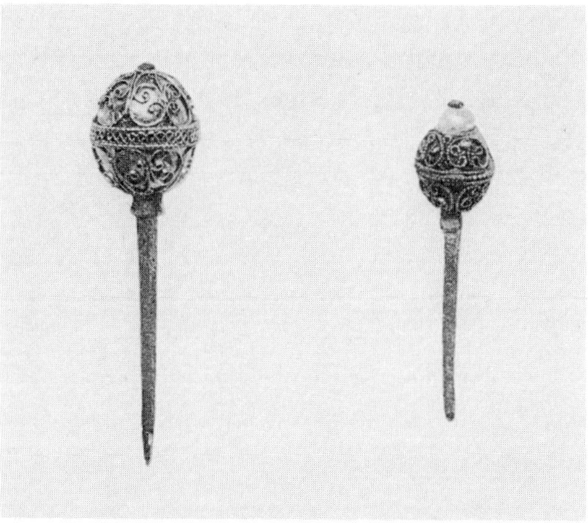

Abb. 75 Zwei silberne Stecknadeln mit goldenem Kugelkopf aus dem Mainzer Schatz der Kaiserin Agnes (Kat. Nr. 22–23). – Kunstgewerbemuseum Berlin, Schloß Köpenick. – M = 1:1.

Abb. 76 Anhänger des Juwelenkragens aus dem Schatzfund von Preslav, um 971. – Archäologisches Museum Preslav.

Sicherheit sagen. Das Bildnis einer betenden Frau in einem der Medaillons am Juwelenkragen von Preslav aus der zweiten Hälfte des 10. Jahrhunderts zeigt zumindest, daß diese Beterin ihren Schleier mit drei kugeligen Goldnadeln im Haar über der Stirn festgesteckt hat (Abb. 76)[269].
Unter den wenigen erhaltenen Nadeln aus dem Hochmittelalter, die zumeist einen einfachen Kugelkopf aus Bronze[270] oder Glas[271] aufweisen, gibt es bisher keine gut datierbaren Parallelen. Daß die Mainzer Schleiernadeln jedenfalls aus dem 11. Jahrhundert stammen, beweist das durchbrochene Band aus Achterschlaufen, das den größeren der beiden Nadelköpfe umzieht. Silberperlen mit einem ähnlichen Band aus Achterschlaufen in der Mitte kommen nämlich im Schatz von Saaz (T. p. 1014–1024)[272], am Dreibeerenohrring aus einem Kindergrab des 11. Jahrhunderts von Bodelwitz (Abb. 77)[273] und schließlich noch im Schatz von Borucin vor, der gegen Mitte oder in der zweiten Hälfte des 11. Jahrhunderts vergraben worden ist[274].

Abb. 77 Silberner Dreibeerenohrring aus einem slawischen Kindergrab von Bodelwitz in Thüringen, 11. Jahrhundert (nach Rempel). – M = 1:1.

Da die Ringpalmetten aus feinem Filigrandraht zudem jenen auf den Goldblechbuckeln der Mainzer Halbmondohrringe[275] aus dem mittleren Drittel des 11. Jahrhunderts (Kat. 1–2; Abb. 2,1–2) ähneln, wird man die Schleiernadeln ebenfalls in diese Zeitspanne einstufen dürfen.

Juwelenkragen und Brustbehang

Die zwei außergewöhnlichsten Schmuckstücke des Mainzer Schatzes – ein Juwelenkragen und ein Brustbehang – haben in der Diskussion über das Alter des »Gisela-Schmuckes« immer wieder eine entscheidende Rolle gespielt (Abb. 79 und 83). Sie sollen hier deshalb als letzte und besonders eingehend behandelt werden.
Beide Schmuckstücke sind ganz aus dünnen, goldenen Ringketten aufgebaut und bilden, ungeachtet der Detailunterschiede, die sich vor allem bei der Auswahl der Edelsteine und den jeweils bevorzugten Fassungen zeigen, ein aufeinander abgestimmtes Ensemble. Dieses konnte seine Wirkung nur dann voll zur Geltung bringen, wenn man es auf eine Unterlage aus Stoff oder Leder aufnähte.

269 T. Totev, Der Schatz von Preslav. Bull. Mus. Nat. Varna 22, 1986, 106 f. Taf. 12,3. – M. Stantcheva, Trois capitales anciennes: Pliska, Preslav, Tirnovo (1981) 57 Abb. 55–56.

270 Vgl. die Bronzenadeln von der Burg Werla (R. Busch, in: C. Meckseper [Hg.], Stadt im Wandel. Kat. Braunschweig 1 [1985] 52 Nr. 14c) und aus Oppeln (J. Bukowska-Gedigowa u. B. Gediga, Wczesnośredniowieczny gród na Ostrówku w Opolu [1986] 118 ff. Abb. 46,1.27).

271 Vgl. die Nadel aus Colletière (Dossiers Hist. et Arch. 129, 1988, 58).

272 H. Preidel, Der Silberschatz von Saaz. Mannus 31, 1939, 548 Taf. 2,12.

273 K. Dinklage, Mannus 33, 1941, 488 Taf. 2,6–7 (mit falscher Fundortangabe). – H. Rempel, Reihengräberfriedhöfe des 8. bis 11. Jahrhunderts aus Sachsen-Anhalt, Sachsen und Thüringen (1966) 149 Taf. 73,8. – J. Herrmann, Die Slawen in Deutschland (1985) Taf. 16, unten.

274 L. Rauhut, An Early Medieval hoard of Borucin, Aleksandrów Kujawski district. Wiadomości Arch. 22, 1955, 55 ff. Taf. 10,6–8.

275 M. Rosenberg, Geschichte der Goldschmiedekunst auf technischer Grundlage. Granulation (1918) 143 Abb. 254.

Abb. 78 Bildnis des Kaisers Konstantin und der Kaiserin Helena im byzantinischen Herrscherornat auf der Staurothek von Esztergom, Ungarn, aus der ersten Hälfte des 11. Jahrhunderts. – Esztergom, Schatz der Kathedrale.

Schon O. von Falke hat ausführlich und überzeugend nachgewiesen, daß es sich bei dem Juwelenkragen und dem gitterförmigen Brustbehang (Abb. 89,1) um Imitationen byzantinischer Kaiserinsignien (Abb. 78) handelte, nämlich des Maniakions (Juwelenkragen) und des Loros, der mit kostbaren Juwelen und Perlen besetzten Herrscherbinde[276]. Da diese byzantinischen Insignien nicht im Original erhalten geblieben, sondern lediglich von zahlreichen Abbildungen her bekannt sind, welche zwar die Gesamtform sowie den Perlen- und Juwelenschmuck, aber keine Details erkennen lassen, haben die Mainzer »Imitationen« einen besonderen kulturhistorischen Wert.

Wegen ihres Insigniencharakters und der Gleichartigkeit einiger Perlenfassungen des Loros mit den Edelsteinfassungen auf den Platten und dem Kreuz der deutschen Kaiserkrone (vgl. Abb. 85) deutete O. von Falke das Ensemble als Krönungsschmuck der Kaiserin Gisela und vermutete, daß es vor Antritt ihrer Romreise gegen 1025 angefertigt worden sei[277].

Nachdem F. Sprater, H. Decker-Hauff und H. Fillitz die Platten der deutschen Kaiserkrone aus historischen Erwägungen und aufgrund von Details, die auf ein Nacheinander von Platten, Kreuz und Bügel hindeuten, sowie wegen der vermeintlich besonders engen Beziehung zum älteren Essener Mathildenkreuz (973–982) Kaiser Otto I. zugeschrieben hatten[278], wurde auch das Mainzer Schmucken-

276 O. von Falke, Der Mainzer Goldschmuck der Kaiserin Gisela (1913) 2 ff.

277 von Falke (Anm. 276) 22.

278 F. Sprater, Die Reichskleinodien in der Pfalz (1942) 23. – H. Decker-Hauff, Die »Reichskrone«, angefertigt für Kaiser Otto I. In: P. E. Schramm, Herrschaftszeichen und Staatssymbolik 2 (1955) 560 ff. – H. Fillitz, Studien zur römischen Reichskrone. Jahrb. Kunsthist. Samml. Wien 50, 1953, 38 ff. – Ders., Die Krone des Heiligen Römischen Reiches. Rekonstruktion der ursprünglichen Form. In: Studien zur Buchmalerei und Goldschmiedekunst des Mittelalters. Festschr. K. H. Usener (1967) 21 ff.

semble in die zweite Hälfte des 10. Jahrhunderts vordatiert[279]. H. Decker-Hauff begründete dies mit dem auf der Zwölferreihe aufgebauten Zahlensystem sowie dem Zahlenverhältnis von Perlen und Edelsteinen, das denen der Kronenplatten entspreche[280]. Seither wird immer wieder die Vermutung geäußert, daß die Mainzer Imitationen byzantinischer Herrscherinsignien ursprünglich der Kaiserin Theophanu (972–991) gehört haben könnten[281], die ja eine byzantinische Prinzessin gewesen war und als einzige deutsche Kaiserin mit einem Loros und Maniakion abgebildet worden ist. Versuche, diesen Verdacht durch Vergleiche mit anderen Schmuckstücken zu erhärten, wurden bisher allerdings nicht unternommen.
Da die Platten der deutschen Kaiserkrone heute überwiegend als hervorragende Zeugnisse der ottonischen Goldschmiedekunst gelten, obwohl dafür bisher noch keine überzeugenden Beweise vorgelegt wurden, sollen sie bei der Datierung des Mainzer Loros und des Maniakions ausgeklammert bleiben, um Zirkelschlüsse zu vermeiden. Vergleicht man nämlich verschiedene Details dieser Schmuckstücke mit denen von besser datierbaren Goldschmiedearbeiten, dann zeigt sich, daß das Ensemble keinesfalls in ottonischer, sondern erst in salischer Zeit entstanden ist. Dies allerdings sollte ein Anlaß sein, die Frage nach dem Alter der Kaiserkrone erneut aufzuwerfen.

Juwelenkragen

Der Mainzer Juwelenkragen (Kat. Nr. 24, Taf. 10; Abb. 79–81) besteht aus zwei gleich langen Goldketten mit je vier paarigen seitlichen Anhängern sowie einem schildförmigen, mit einer großen ovalen Kamee verzierten Schmuckstück in der Mitte, an dem drei Kettenanhänger befestigt sind. Bis auf zwei Ausnahmen sind die Ringketten etwas dicker und derber gearbeitet als jene des Brustschmucks. Im Unterschied zu diesem wurde der Kragen weniger mit Perlen und Edelsteinen als vielmehr mit antiken Gemmen und mit Zellenschmelzen verziert. Diese sitzen zudem in offenen Zargenfassungen mit leicht gezähntem Rand, die beim Loros überhaupt nicht vorkommen[282]. Daraus hat K. Flügel den Schluß gezogen, daß der Juwelenkragen zu einem anderen, späteren Zeitpunkt als der Brustbehang hergestellt worden sein musse[283].
Zunächst einmal sprechen Form und Machart des Juwelenkragens gegen eine Entstehung in ottonischer Zeit. Byzantinische Juwelenkragen der zweiten Hälfte des 10. Jahrhunderts waren, soweit man sie aus archäologischen Funden und bildlichen Darstellungen kennt[284], noch ganz anders konstruiert. Jene, die allein und nicht gemeinsam mit einem Loros getragen wurden, wiesen stets ein festes Halsband auf, das nur an seinem unteren Rand Anhänger trug. Dabei konnte es sich um dreieckige Zipfel mit einem Medaillon handeln, wie bei dem Juwelenkragen aus dem 971 vergrabenen Schatz von Preslav[285] oder dem goldenen Juwelenkragen, den die personifizierte »Ecclesia« auf einer Miniatur der Reichenauer Sammelhandschrift aus dem späten 10. Jahrhundert (Taf. 6,1) angelegt hat[286]. Bei einem anderen Halskragentyp bestanden die Anhänger aus rautenförmigen Goldplättchen und Perlen, wie bei der

279 E. Steingräber, Alter Schmuck (1956) 23f. Abb. 8. – P. E. Schramm u. F. Mütherich, Denkmale der deutschen Könige und Kaiser (1962) 47. 168 Taf. 144. – K. Flügel-Lindenlaub, Zur Geschichte des Gisela-Schmuckes. Neue Museumskunde 13, 1970, 47ff. – P. Lasko, Ars Sacra 800–1200 (1972) 87. – K. Flügel, Einige Überlegungen zum sogenannten »Giselaschmuck«. Forsch. u. Ber. Staatl. Museen Berlin 23, 1983, 12ff.

280 Decker-Hauff (Anm. 278) 592ff.

281 V. H. Elbern, Goldschmiedekunst. In: Werdendes Abendland an Rhein und Ruhr. Kat. Essen 2 (1964) 1037. – Ders., Ottonische Bildnerei in edlen Materialien. In: E. Kubach u. V. H. Elbern, Das frühmittelalterliche Imperium (1968) 220. – Ders., Goldschmiedekunst im frühen Mittelalter (1988) 104. – Zur Darstellung der Theophanu im byzantinischen Krönungsornat vgl. Schramm (Anm. 218) 193f. Nr. 91 Taf. 342.

282 K. Flügel, Einige Bemerkungen zum sogenannten »Giselaschmuck«. Forsch. u. Ber. Staatl. Museen Berlin 23, 1983, 12ff.

283 Flügel (Anm. 282) 14.

284 M. Schulze-Dörrlamm, Juwelen der Kaiserin Theophanu. Arch. Korrbl. 19, 1989, 415ff. Farbtaf. II–III.

285 T. Totev, Der Schatz von Preslav. Bull. Mus. Nat. Varna 22, 1986, 81ff. Taf. 9. – A. Ančev, La Bulgarie médiévale. Kat. Paris (1980) 108ff.

286 Bayerns Kirche im Mittelalter. Kat. München (1960) Taf. III. – G. Schiller, Ikonographie der christlichen Kunst 4,1 (1988) 101 Abb. 255. – Schulze-Dörrlamm (Anm. 284) 415f. Farbtaf. II.

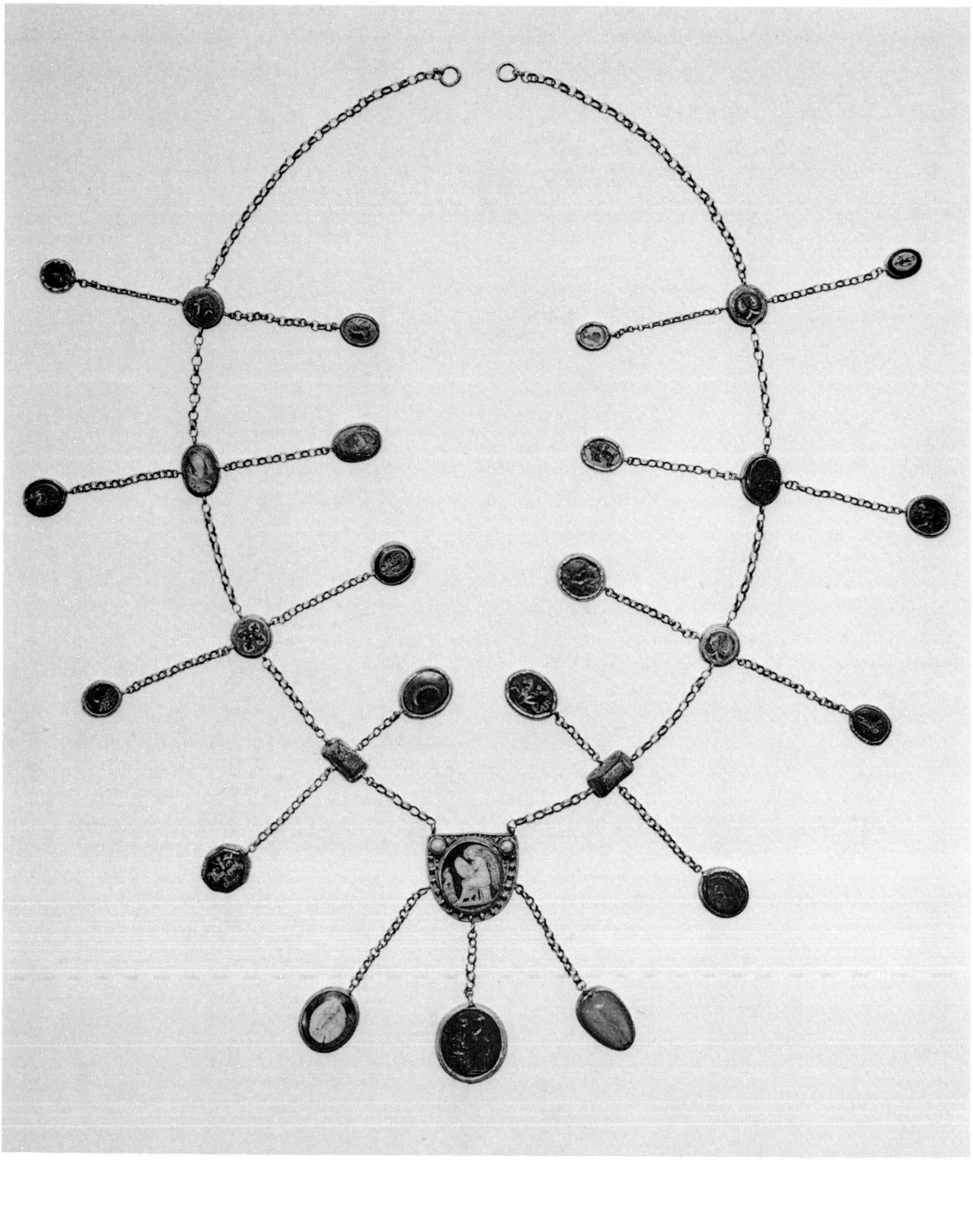

Abb. 79 Goldener Juwelenkragen (Maniakion) aus dem Mainzer Schatz der Kaiserin Agnes (Kat. Nr. 24). – Kunstgewerbemuseum Berlin, Schloß Köpenick (Vorkriegszustand).

thronenden »Ecclesia« im Sakramentar von Petershausen aus der Zeit um 980 (Taf. 6,2)[287]. Imitationen solcher byzantinischer Juwelenkragen fanden sich in zwei ungarischen Frauengräbern des mittleren 10. Jahrhunderts von Tiszaeszlár-Bashalom[288]. Jene bandförmigen Juwelenkragen jedoch, die die Herrscher des 10. Jahrhunderts zusammen mit einem Loros anlegten, wiesen meist ein durch große Edelsteine stark betontes Mittelfeld auf, wie etwa das Exemplar, das Kaiserin Theophanu auf der Elfenbeintafel im Musée Cluny trägt[289]. Bei dem Mainzer Maniakion sind hingegen die Edelsteine und Emails in der Mitte nicht größer als die Gemmen und Edelsteine an seinem inneren und äußeren Rand. Darin gleicht es jenem Maniakion, mit dem Kaiser Romanos III. Argyros (1028–1034) auf einem Mosaik in der Hagia Sophia dargestellt worden ist[290].

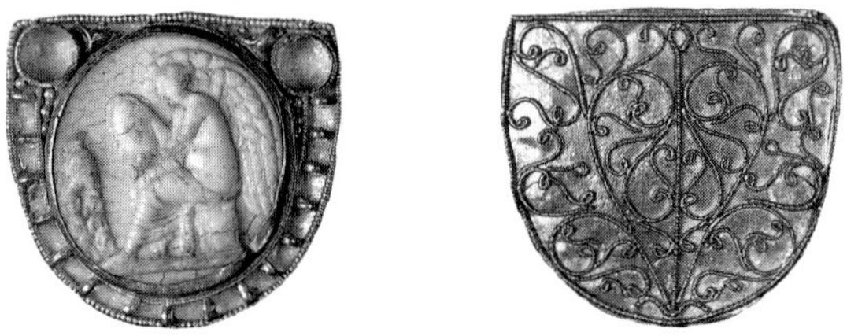

Abb. 80 Vorder- und Rückseite des schildförmigen Anhängers vom Mainzer Juwelenkragen, Nachkriegszustand (Kat. Nr. 24). – M = 1:1.

Darauf, daß das Mainzer Maniakion nicht im 10. Jahrhundert, sondern erst im 11. Jahrhundert entstanden sein kann, deutet überdies die eigentümliche Verschlußform hin, die sich von den althergebrachten Haken-Ösen-Verschlüssen, mit denen auch der Juwelenkragen von Preslav noch versehen worden ist, deutlich unterscheidet. Der neuartige Verschluß besteht aus zwei kleinen Ringösen, die übereinandergelegt und mittels eines hindurchgesteckten Metallstiftes zusammengehalten wurden. Daß dieser Scharnierverschluß eine Erfindung der Jahrtausendwende war, läßt sich nicht nur an der Entwicklungsreihe byzantinischer Bügelohrringe in Bulgarien ablesen, die P. Gatev veröffentlicht hat[291]. Das zeigt auch der byzantinische Beutelohrring mit Scharnierverschluß aus einem nach 1000 vergrabenen Schatz in der Nähe von Bautzen[291a]. Bei den in Mitteleuropa hergestellten Schmuckstücken treten Imitationen solcher Verschlüsse jedoch erst im mittleren Drittel des 11. Jahrhunderts auf, nicht nur bei den Mainzer Halbmondohrringen (Abb. 2), sondern auch bei dem Ohrring mit Kreuzanhänger aus dem nach 1063 vergrabenen Schatz von Niederlandin (vgl. Abb. 11) und einem Dreibeerenohrring aus dem Schatz von Trójca, der erst nach 1063/74 versteckt worden ist[292].
Auch die gezähnten Zargenfassungen der Gemmen und Emails, auf die K. Flügel als erste hingewiesen hat[293], lassen sich bei sicher datierten Goldschmiedearbeiten der ottonischen Zeit noch nicht nachweisen, sondern treten erst in salischer Zeit auf. Vergleichbare Fassungen kommen bei den beidseitig

287 Suevia Sacra. Kat. Augsburg (1973) Abb. 150. – L. Grodecki, F. Mütherich, J. Taralon u. F. Wormald, Die Zeit der Ottonen und Salier (1973) Abb. 112. – Schiller (Anm. 286) Abb. 112. – Schulze-Dörrlamm (Anm. 284) 416f. Farbtaf. III.

288 I. Dienes, Un cimetière des hongrois conquérantes à Bashalom. Acta Arch. Hung. 7, 1956, 252f. Taf. 69–70. – Schulze-Dörrlamm (Anm. 284) Abb. 4 Taf. 53,2–3.

289 Schramm (Anm. 218) Nr. 91 Taf. 342. – J. P. Caillet, L'antiquité classique, le haut moyen âge et Byzance au musée de Cluny. Kat. Paris (1985) 141ff. Nr. 64. – Vgl. auch die mit Loros und Maniakion geschmückten Erzengel Michael und Gabriel auf der Limburger Staurothek, um 964/965 (H. Schnitzler, Rheinische Schatzkammer [1957] Abb. 42–43).

290 Kopf und Namensinschrift des Romanos III. wurden später durch jene des Kaisers Konstantin IX. Monomachos (1042–1055) ersetzt (D. Talbot Rice, Kunst aus Byzanz [1959] 24 Taf. XIII).

291 P. Gatev, Nakiti ot pogrebenija ot XI–XII v. Archeologija Sofija 19, 1977, 30ff. Tabelle S. 35: vgl. das Aufkommen der Bügelohrringtypen IX, X-1 bis X-3.

291a G. Dutschmann, Die Hacksilberfunde Sachsens. In: W. Frenzel (Hg.), Festschrift zur 25-Jahrfeier der Gesellschaft für Vorgeschichte und Geschichte der Oberlausitz zu Bautzen (1926) 130ff. Taf. 20.

292 Niederlandin: J. Herrmann u. P. Donat (Hg.), Corpus archäologischer Quellen zur Frühgeschichte 3 (1979) Nr. 59/56. – Trójca: H. Rózańska, An Early Medieval silver hoard from Trójca, the Opatov district. Mat. Wczesnosredniowieczne 5, 1960, 261ff. Taf. 11,2.

293 Flügel (Anm. 282) 14.

verzierten Halbmondohrringen, der Buckelfibel mit Perlrand, den Kegelfibeln mit Trommelkranz und der Buckelfibel mit Trommelkranz aus dem Mainzer Hortfund vor. Ferner findet man sie an mehreren Zimelien des Essener Münsterschatzes, wie der angeblich »ottonischen« Krone der Goldenen Madonna, dem Kreuz mit Senkschmelzplatten und dem jüngeren Mathildenkreuz[294], aber auch auf der gegen 1063/64 gestifteten »Kunigundenkrone« (vgl. Abb. 21)[295], auf den Bügeln der ungarischen Stephanskrone[296], dem Evangeliar der Judith von Flandern[297] und dem Armreliquiar des hl. Sigismund aus dem späten 11. Jahrhundert[298]. Gezähnte Zargenfassungen treten außerdem auch noch auf dem Kelch der Doña Urraca vom Ende des 11. Jahrhunderts[299], dem Evangeliar von Helmarshausen (Abb. 12) um 1100[300] und sogar noch auf Kelch und Kanne des Suger von St. Denis aus der Zeit vor 1148[301] auf.

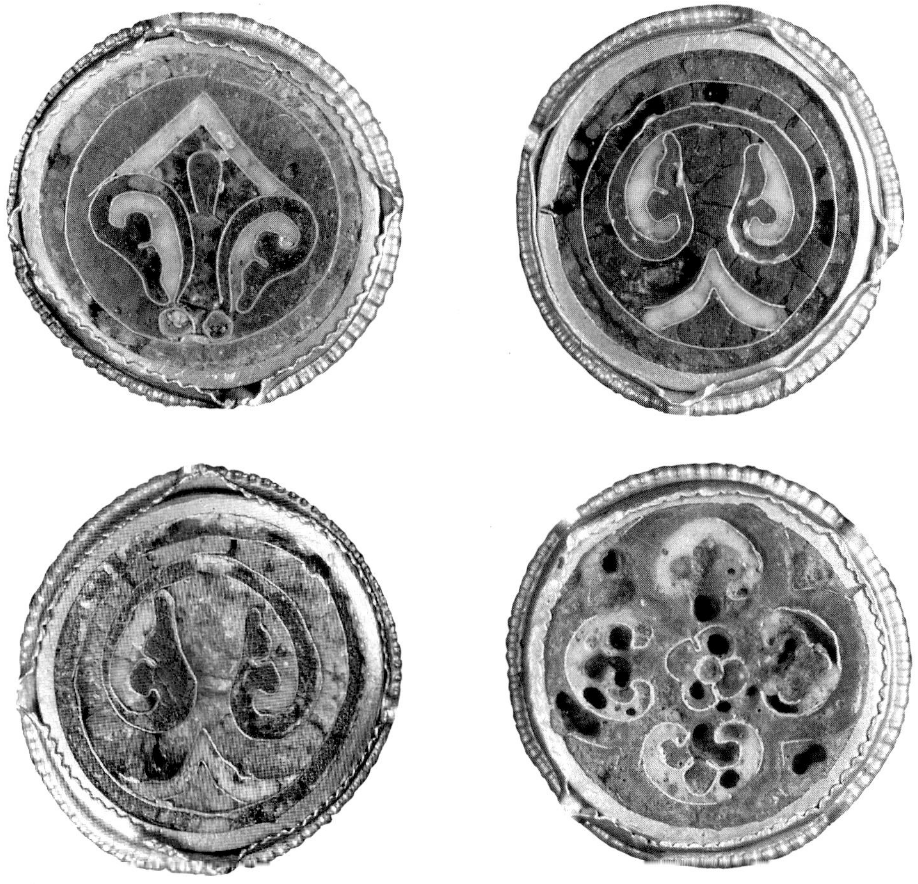

Abb. 81 Die vier Medaillons mit Zellenschmelz-Einlagen des Mainzer Juwelenkragens (Kat. Nr. 24). – M = 4:1.

294 L. Küppers u. P. Mikat, Der Essener Münsterschatz (1966) Taf. 9–15. – Zur Datierung ins mittlere 11. Jahrhundert vgl. M. Schulze-Dörrlamm, Die Kaiserkrone Konrads II. (1990).

295 R. Baumgärtel-Fleischmann, Die sogenannte Kunigundenkrone. Münchner Jahrb. Bildende Kunst 32, 1981, 25 ff. Abb. 7.11–12.

296 J. Deér, Die Heilige Krone Ungarns (1966) Abb. 112–115. – E. Kovács u. Zs. Lovag, Die ungarischen Krönungsinsignien (1980) 43 ff. – M. von Baranyi-Oberschall, Die St. Stephans-Krone (1961) Abb. 5.

297 F. Steenbock, Der kirchliche Prachteinband im frühen Mittelalter (1965) Nr. 76 Abb. 104.

298 W. Arenhövel, Der Hezilo-Radleuchter im Dom zu Hildesheim (1975) Abb. 171,6–7.

299 H. Kohlhausen, Europäisches Kunsthandwerk (1969) Abb. 27. – X. Barral y Altet, F. Ariel u. D. Gaborit-Chopin, Romanische Kunst. Westeuropa 1060–1220 (1984) Abb. 271.

300 Steenbock (Anm. 297) 171 ff. Abb. 107.

301 Kohlhausen (Anm. 299) Abb. 39. – W. D. Wixom, For the Service of the table of God. In: The Royal Abbey of Saint-Denis in the time of Abbot Suger (1981) 101 ff. Abb. 25. – Barral y Altet, Ariel u. Gaborit-Chopin (Anm. 299) Abb. 295.

Abb. 82 Das sogenannte Anno-Kreuz mit Zellenschmelz-Plättchen aus dem mittleren 11. Jahrhundert. – Köln, Domschatzkammer. – M = 1:1.

Die goldenen Dreibeine auf der Vorderseite des Halskragen-Schildes (Abb. 80) gleichen zwar jenen auf dem Perikopenbuch Heinrichs II. von 1007 oder 1012[302], doch sind die Filigrandrahtranken auf der Rückseite des Schildes (Abb. 80) ein wichtiges Argument dafür, daß der Juwelenkragen erst im mittleren Drittel des 11. Jahrhunderts entstanden sein kann. In jeder Biegung spaltet sich die Ranke in drei bis vier aufgerollte Zweige auf und gleicht darin den Ranken der Mainzer Kegelfibeln und der Buckelfibel mit Trommelkranz sowie denen auf dem Münchener Evangeliar Cod. lat. 22021, Cim. 144[303], auf dem Armreliquiar des hl. Sigismund[304] und auf dem Osnabrücker Kapitelkreuz[305], die teils aus dem zweiten, teils aus dem letzten Drittel des 11. Jahrhunderts stammen.
Sicher datierte Goldschmiedearbeiten aus ottonischer Zeit, wie die Erzeugnisse der Trierer Egbert-Werkstatt, das ältere Mathildenkreuz in Essen oder die von Kaiser Heinrich II. gestifteten Werke, trugen solche Ranken dagegen noch nicht.

302 K. Wessel, Die byzantinische Emailkunst vom 5. bis 13. Jahrhundert (1967) 82 ff. Abb. 26. – Schramm u. Mütherich (Anm. 279) 156 Nr. 110.

303 Steenbock (Anm. 297) Kat. 74, Abb. 102.

304 Arenhövel (Anm. 298) Abb. 356 und 366.

Als Hinweise auf die Zeitstellung des Juwelenkragens eignen sich sogar die Zellenemails in den vier Rundmedaillons (Abb. 81)[306]. In dreien dieser Medaillons finden sich nämlich je zwei gegenständige, stark eingerollte Halbpalmetten, die nur mit denen in der Lunula des Godehardschreins (vgl. Taf. 2,2)[307] aus dem mittleren Drittel des 11. Jahrhunderts und mit denen auf dem Evangeliar von Helmarshausen (vgl. Abb. 12) aus der Zeit um 1100[308] vergleichbar sind. Die kleinen roten Tupfen in dem Zellenschmelz eines der vier Mainzer Medaillons treten sowohl auf der Lunula vom Hildesheimer Godehardschrein als auch auf den zeitgleichen Mainzer Halbmondohrringen mit Zellenemails (Kat. Nr. 3–4, Taf. 7,3) aus dem mittleren Drittel des 11. Jahrhunderts sowie bei den Zellenschmelzplättchen auf dem Einband des Aribert da Intimiano (vor 1045) und auf dem Kölner Anno-Kreuz (Abb. 82) aus der Mitte des 11. Jahrhunderts auf[309]. Zudem gleichen die Kreispalmetten auf den Mainzer Ohrringen und dem Anno-Kreuz wiederum den vier Kreispalmetten in einem der Medaillons (Abb. 81) des Mainzer Maniakions[310]. Angesichts der zahlreichen, gut datierbaren Belege darf man davon ausgehen, daß der Juwelenkragen im mittleren Drittel des 11. Jahrhunderts angefertigt worden ist.

Brustbehang (Loros)

Der langrechteckige Brustbehang, dessen Perlenschmuck im Zweiten Weltkrieg vernichtet wurde, ist ein weitmaschiges Gitternetz aus fünf senkrechten und sechs waagrechten dünnen, goldenen Ringketten (Kat. Nr. 25, Taf. 11; 14,2; Abb. 83). Seine Schnittpunkte sind mit Gemmen, mugeligen Edelsteinen oder Perlen besetzt. An den Eckpunkten des Gitters sowie in der Mitte jedes der insgesamt 20 rechteckigen Gitterfelder, welche durch eine Perle markiert wird, hängen kleine Ringkettchen mit einer Gemme oder einem Edelstein. Durch den Farbkontrast der dunklen antiken Gemmen, der durchscheinenden Edelsteine und der silbrig glänzenden Perlen wird das streng geometrische Netzwerk optisch aufgelokkert. Die regelmäßig wechselnden Fassungen beleben es zusätzlich. Außer offenen Perldrahtringen, in denen jeweils Perlen sitzen, findet man Gemmen in glatter, offener Zargenfassung und Edelsteine in offener Schlaufenfassung. Als Blickfang dient ein halbmondförmiges, ganz à jour gearbeitetes, das heißt aus Perldrahtringen aufgebautes Schmuckstück in der Mitte der untersten Schußkette (Abb. 84). Durch zwei in doppelten Perldrahtringen sitzende Perlen neben den Sichelspitzen und einen trommelförmigen, perlenverzierten Goldblechanhänger in der Mitte hebt es sich zusätzlich aus dem regelmäßigen Netzwerk heraus. Inmitten der von aufgefädelten Perlen umrandeten »Lunula« sitzt ein großer ovaler Topas in lilienförmigen Fassungen aus Filigrandraht. Ihn umgeben runde Smaragde und Amethyste in einfachen, offenen Krallenfassungen, kleine Perldrahtkegel sowie Perlen in offenen Perldrahtringen.
Die beiden Kettenenden des Brustbehangs, die um den Hals gelegt wurden, haben zwar den gleichen Scharnierverschluß wie der Juwelenkragen, sind aber nicht gleich lang. Offenbar dienten zwei goldene Ringkettchen von 23 und 45 cm Länge, die nach O. von Falke ebenfalls im Schatz enthalten waren[311], dazu, den Brustbehang bei Bedarf zu vergrößern. Auf die stilistische Ähnlichkeit zwischen dem Brustbehang und der deutschen Kaiserkrone ist wiederholt aufmerksam gemacht worden. Sie wird deutlich bei der quadratischen Anordnung der Perlen und Edelsteine sowie bei deren Zahlenverhältnis[312], bei den in offenen Perldrahtringen sitzenden Perlen und schließlich bei den von vier einfachen Krallen gehaltenen Amethysten und Smaragden. Das wichtigste Argument für die Vermutung, daß der Mainzer Loros und die Platten der Kaiserkrone in der gleichen Werkstatt entstanden seien, sind jedoch

305 W. Borchers, Der Osnabrücker Domschatz (1974) Abb. 9. – Ornamenta Ecclesiae. Kat. Köln 3 (1985) H 27.
306 Flügel (Anm. 282) Taf. 2,5 und 3,7–9.
307 F. Steenbock, Ein fürstliches Geschenk. In: J. Rasmussen (Hg.), Studien zum europäischen Kunsthandwerk. Festschr. Y. Hackenbroch (1983) 25 ff. Abb. 2.
308 Steenbock (Anm. 297) Abb. 107. – Ornamenta Ecclesiae. Kat. Köln 1 (1985) 445, C20.
309 Anno-Kreuz: J. M. Plotzek, in: Monumenta Annonis. Kat. Köln (1975) 163 Taf. 14. – Ornamenta Ecclesiae. Kat. Köln 3 (1985) H 38. – Einband des Aribert da Intimiano: M. Petrassi, Gli smalti in Italia (1982) Taf. 10–18. – Grodecki, Mütherich, Taralon u. Wormald (Anm. 287) Abb. 333.
310 Flügel (Anm. 282) Taf. 2,5 cm.
311 von Falke (Anm. 276) 7.
312 Decker-Hauff (Anm. 278) 592 ff.

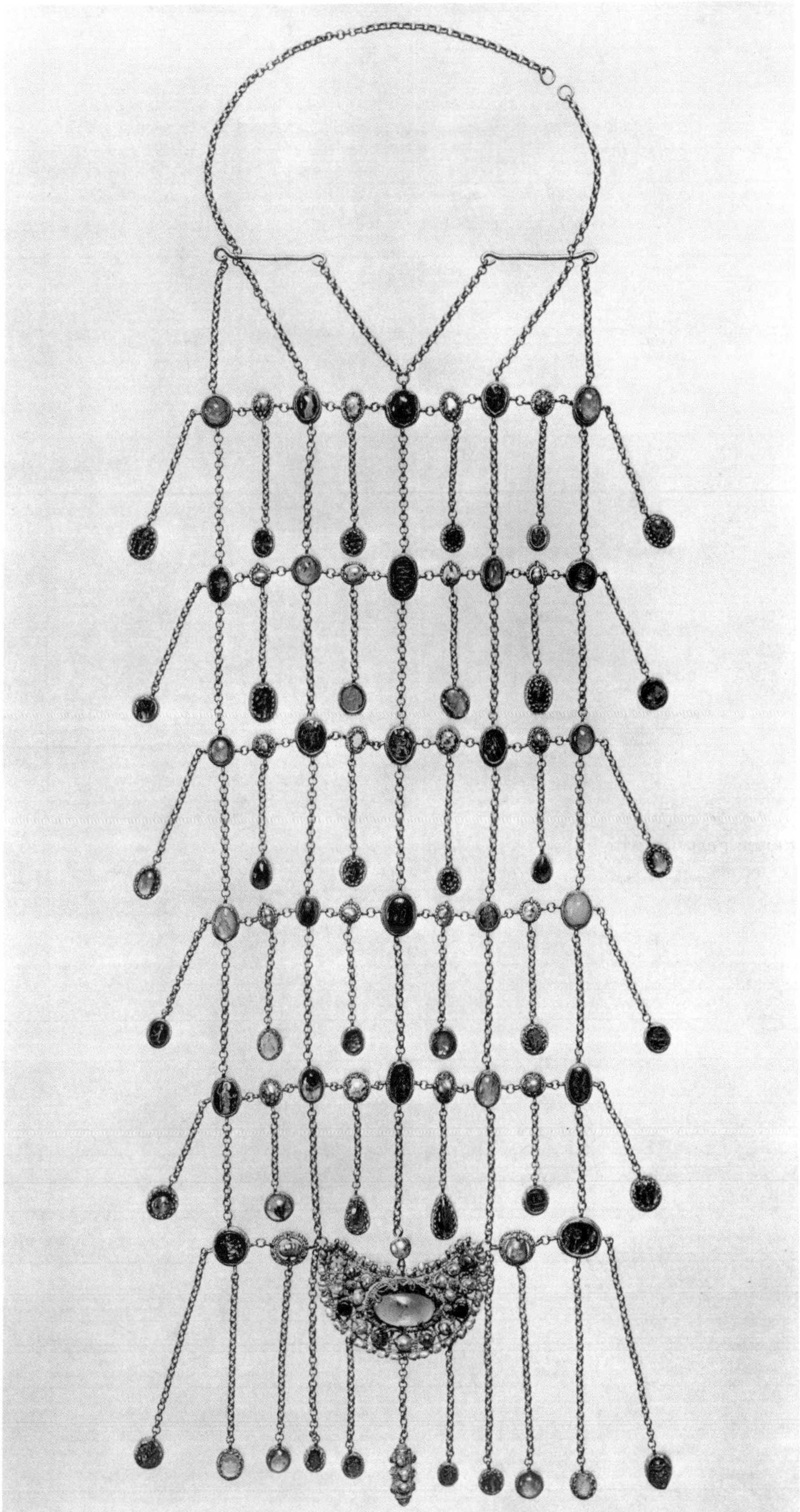

Abb. 83 Goldener Brustbehang (Loros) aus dem Mainzer Schatz der Kaiserin Agnes (Kat. Nr. 25). – Kunstgewerbemuseum Berlin, Schloß Köpenick (Vorkriegszustand). – M = 1:2.

Abb. 84 Detailansicht der Lunula des Brustbehanges aus dem Mainzer Schatzfund (Kat. Nr. 25, Vorkriegszustand). – M = ca. 2:1.

die Fassungen der zwei Perlen neben den Lunula-Spitzen (Abb. 84), denn von ebensolchen werden auch die Edelsteine der Kronenplatten (Abb. 85) sowie der Mittelsaphir des Kronenkreuzes gehalten. Dabei handelt es sich jeweils um zwei Perldrähte, die durch dicke einzelne und in regelmäßigen Abständen plazierte Goldkugeln miteinander verbunden sind.

Die Verwendung solcher freitragender Goldkugeln war in der byzantinischen Goldschmiedekunst bereits im 7. und 8. Jahrhundert üblich. Dies belegen der Goldfingerring aus Horvátgurab und ein tropfenförmiger Kettenanhänger unbekannter Herkunft[313] ebenso wie die goldene byzantinische Mantelschließe aus dem awarischen Frauengrab des späten 7. Jahrhunderts von Budapest-Rákos[314], bei welcher die kleinen Goldkugeln allerdings zu Paaren gruppiert sind.

Unter den wirklich sicher datierten ottonischen Arbeiten des 10. Jahrhunderts im Raum nördlich der Alpen kommen freitragende, einzelne dicke Goldkugeln jedenfalls noch nicht vor, sondern ausschließlich Schmuckbänder aus dicht aneinandergereihten Goldkügelchen. Diese umziehen beispielsweise den

313 Goldfingerring aus Horvátgurab: E. Garam, Goldschmuck des 7. Jahrhunderts in den Sammlungen des ungarischen Nationalmuseums. Folia Arch. 31, 1980, 168 Abb. 5,1. – Byzantinisches Medaillon: F. Naumann, Antiker Schmuck. Kat. Kassel (1980) 26 Taf. 7,18.

314 T. Nagy, Budapest Regisegei 14, 1945, 493 ff. – E. Garam, Der mit Grabobulus datierbare Fundkreis der Mittelawarenzeit. Arch. Ert. 105, 1978, 206 ff. Abb. 2,1–3.

Abb. 85 Vorder- und Seitenansicht der Kaiserkrone Konrads II. – Kunsthistorisches Museum Wien.

Saphir des Goldfingerrings aus dem Grab des Trierer Bischofs Ruotpert (931–956) und die Justiniansmünze auf einer der Zierscheiben des Trierer Andreas-Tragaltares (977–993)[315] sowie die Edelsteine auf der sogenannten »Morgengabe« Kaiser Heinrichs II. (Abb. 44) aus dem späten 10. Jahrhundert[316]. Reihen aus einzelnen freitragenden, dicken Goldkugeln treten nördlich der Alpen erstmals bei der byzantinischen Kegelfibel aus Minden (Abb. 18) und bei der wohl ebenfalls byzantinischen Buckelfibel mit Trommelkranz aus Schleswig (Abb. 26) auf, die beide aus der frühen Salierzeit stammen (dazu s. S. 35.46 f.). Man findet sie außerdem bei einer der Mainzer Kegelfibeln mit Trommelkranz aus dem zweiten Drittel des 11. Jahrhunderts, an den von Spiraldraht umringten Edelsteinfassungen auf dem Thron der Hildesheimer Madonna, die wegen ihrer Ähnlichkeit mit den ovalen Bergkristallfibeln[317] frühestens in die zweite Hälfte des 11. Jahrhunderts gehören, und schließlich noch bei dem Goldfingerring des Bischofs Adalbero III. von Metz (1047–1072), der im Sarkophag Kaiser Heinrichs IV. († 1106) in Speyer gefunden wurde (Abb. 86)[318].

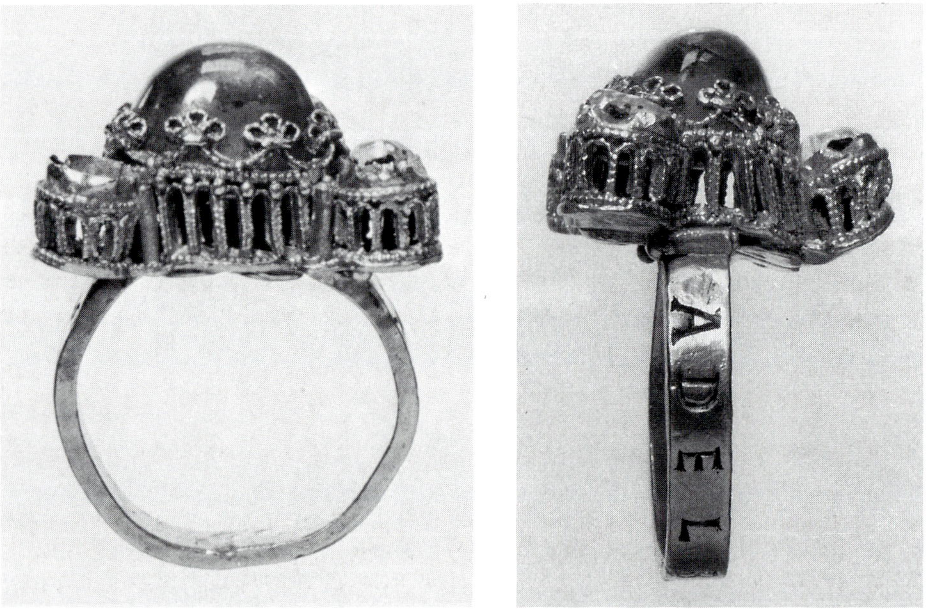

Abb. 86 Seitenansichten des goldenen Saphir-Ringes des Bischofs Adalbero III. von Metz(?) aus dem Sarkophag Kaiser Heinrichs IV. († 1106) in Speyer. – M = 3:1.

315 F. Rademacher, Der Trierer Egbertschrein. Trierer Zeitschr. 11, 1936, 152 f. Abb. 5 Taf. 6–7. – H. Westermann-Angerhausen, Die Goldschmiedekunst der Trierer Egbert-Werkstatt. Trierer Zeitschr. Beih. 36 (1973) 32 ff. Abb. 13. – Schatzkunst Trier. Kat. Trier (1984) 93 Nr. 20. – Ornamenta Ecclesiae. Kat. Köln 1 (1985) 454, C35.

316 P. E. Schramm u. F. Mütherich, Denkmale der deutschen Könige und Kaiser (1962) 160 Nr. 120 Taf. 341.

317 Zu den vermeintlich spätottonischen Edelsteinfassungen am Thron der Hildesheimer Madonna vgl. M. Brandt, »... und geziehret mit Edelgesteinen«. Zur großen Madonna im Hildesheimer Domschatz. In: Bernwardinische Kunst (1988) 204 ff. Abb. 19 und 22. – Ders. (Hg.), Kirchenkunst des Mittelalters. Kat. Hildesheim (1989) 76 Abb. 58–59. Gegen diese Datierung sprechen die lilienförmigen Fassungen aus Filigrandraht, die mit denen des Dionysius-Kreuzes von Enger nahezu identisch sind (Kunst und Kultur im Weserraum. Kat. Corvey [1966] Abb. 215) und der Bering aus spiralig gedrehtem Golddraht. Ein solcher ziert nicht nur den Nodus des Kelches der Doña Urraca aus dem Ende des 11. Jahrhunderts (H. Kohlhausen, Europäisches Kunsthandwerk [1969] Abb. 27), sondern ist auch für skandinavische Bergkristallfibeln charakteristisch ist. Diese werden dort in die zweite Hälfte des 11. und in das frühe 12. Jahrhundert datiert (E. Kivikovski, Finlands förhistoria [1964] 242 Abb. 207. – A. W. Mårtensson, Kulturen 1972, 125 ff. Abb. 10. – N. Blomqvist, Handelsplätze und Silberschatzfunde auf Öland in der Zeit von 800 bis 1200. Zeitsch. Arch. Mittelalter 2, 1974, 72 Abb. 6). Bezeichnenderweise fand sich die ovale Goldfibel mit einer Alsengemme und gewickeltem Drahtrand von Alt-Lübeck im Innern der erst um 1100 erbauten Kirche des Burgwalls (P. Zazoff, Eine Alsengemme aus Lübeck. Lübecker Schr. Arch. u. Kunstgesch. 3, 1980, 51 ff. Taf. 26).

318 Schramm u. Mütherich (Anm. 316) 177 Taf. 402. – Die Goldkugeln verbinden die Filigrandrahtarkaden mit dem Filigranring, in welchem der Mittelsaphir sitzt.

Da es in Deutschland weder sicher datierte ältere noch jüngere Beispiele gibt, handelt es sich bei den freitragenden Goldkugeln dieser Art offenbar um ein typisches Schmuckelement der Salierzeit und um ein wichtiges Argument gegen die von H. Fillitz und H. Decker-Hauff vertretene These, daß die Kronenplatten und der Mainzer Loros in ottonischer Zeit hergestellt worden seien[319].
Daß der Mainzer Brustbehang noch nicht im 10. Jahrhundert, sondern erst im 11. Jahrhundert entstanden sein kann, bezeugen überdies die breiten lilienförmigen Fassungen aus Filigrandraht, von denen der ovale Topas in der Lunula gehalten wird. Vergleichbare Fassungen lassen sich nämlich erst in der Zeit Heinrichs II. nachweisen, so am Nimbus Christi auf dem Basler Antependium um 1020 und bei einer der byzantinischen Sternfibeln vom Mainzer Domchor (Taf. 5)[320] aus dem ersten Viertel des 11. Jahrhunderts. Sie finden sich später wieder auf dem Essener Kreuz mit Senkschmelzplatten sowie auf dem sogenannten Heinrichskreuz in Fritzlar[321] und sogar noch auf dem Dionysiuskreuz von Enger aus der Zeit um 1100.[322] Darüber hinaus haben die lilienförmigen Fassungen auffallend große Ähnlichkeit mit jenen Lilien aus goldenem Perldraht, die den Kamm des Kronenbügels von Kaiser Konrad II. zieren[323].
Bemerkenswert ist auch die Tatsache, daß die kleinen runden Amethyste und Smaragde der Lunula in offenen Perldrahtringen sitzen und von vier einfachen Krallen gehalten werden, so wie die Rubine jenes Loros, mit dem Kaiser Romanos III. Argyros (1028–1034) auf einem Mosaik in der Hagia Sophia dargestellt wurde[324].
Die für den Mainzer Brustbehang typische Kombination von Edelsteinen in Schlaufenfassung mit Perldrahtkegeln spricht ebenfalls gegen eine Datierung in das späte 10. oder das frühe 11. Jahrhundert, denn sie läßt sich bei Goldschmiedearbeiten dieser Zeit noch nicht nachweisen. Zu belegen ist sie vielmehr erst in salischer Zeit: man findet sie bei dem Mainzer Halbmondohrring des Schatzes von 1904 (vgl. Abb. 4), der frühestens im mittleren Drittel des 11. Jahrhunderts vergraben worden sein dürfte, auf dem Kelch, der als Reliquiar für das Haupt der hl. Elisabeth diente (vgl. Abb. 43) und wohl gleichzeitig mit der kleineren Mainzer Adler-Pfauenfibel geschaffen worden ist (s. S. 62 f.), und auf dem Armreliquiar des hl. Sigismund aus dem späten 11. Jahrhundert[325].
Ein weiteres Indiz dafür, daß der Brustbehang erst im 11. Jahrhundert entstanden sein kann, ist der Scharnierverschluß byzantinischer Machart, mit dem ja auch der Juwelenkragen versehen wurde (s. S. 93). Und schließlich verweist die Form der dickbauchigen Lunula mit nach innen einziehenden Spitzen den Mainzer Loros eindeutig in die Salierzeit. Die Mondsichel gleicht nämlich auffallend jenen der Mainzer Halbmondohrringe aus dem mittleren Drittel des 11. Jahrhunderts. Bezeichnenderweise saß bei der Lunula genau an jener Stelle, wo sich bei den Ohrringen ein scheibenförmiger oder dreieckiger Einsatz befindet, eine dicke Einzelperle ohne Fassung (vgl. Abb. 84).
Vorbilder für die ganz durchbrochen gearbeitete Lunula des Brustbehangs waren anscheinend byzantinisch-fatimidische Halbmondohrringe des 11. Jahrhunderts, deren Sicheln häufig ganz aus offenen Perldrahtranken bestanden[326].

319 Vgl. Anm. 278.
320 J. P. Caillet, L'antiquité classique, le haut moyen âge et Byzance au musée de Cluny. Kat. Paris (1985) 229 ff. Umschlagbild. – F. Schneider, Mittelalterliche Goldfibeln, ein Fund aus dem Boden von Mainz. Jahrb. Preuß. Kunstsamml. 18, 1897, 170 ff. – H. Kohlhausen, Europäisches Kunsthandwerk (1969) Abb. 13.
321 E. Medding-Alp, Das erste Kreuz aus dem Schatz der Petrikirche zu Fritzlar. Das Münster 3, 1950, 270 Abb. 6. – L. Pralle, Dom und Domschatz zu Fritzlar (1973) 51.
322 Kunst und Kultur im Weserraum. Kat. Corvey (1966) Abb. 215.
323 P. E. Schramm u. F. Mütherich, Denkmale der deutschen Könige und Kaiser (1962) 170 Taf. 146. – H. Fillitz, Die Schatzkammer in Wien (1986) 165 f. Taf. 2.
324 Th. Whittemore, The Mosaics of Hagia Sophia at Istanbul. The Imperial Portraits of the South Gallery (1942) 9 ff. Taf. III; IX und XIII. – D. Talbot Rice, Kunst aus Byzanz (1959) 24 Taf. XIII. – E. Coche de la Ferté, L'Art de Byzance (1981) Abb. 71 und 253.
325 Reliquiar mit dem Haupt der hl. Elisabeth: Weixlgärtner (Anm. 171) Abb. 35–42. – Armreliquiar des hl. Sigismund: Arenhövel (Anm. 298) 162 Abb. 361.
326 Vgl. die Halbmondohrringe aus Ägypten/Syrien (R. Hasson, Early Islamic Jewellery [1987] Abb. 100), aus dem Iran (N. Brosh, Islamic Jewellery [1987] Abb. 46), aus Sparta (M. C. Ross, Byzantine Art. Kat. Athen [1964] 380 ff. Abb. 434) sowie jene im Athener Benaki Museum (B. Segall, Benaki-Museum Athen. Katalog der Goldschmiedearbeiten [1938] Taf. 58 Abb. 291–292) und in der Sammlung H. Stathatos (A. K. Orlandos, in: Collection H. Stathatos 3 [1963] 286 Nr. 217).

Ein weiterer Beleg dafür, daß der Mainzer Loros eine relativ späte Erscheinung darstellt, ist seine ungewöhnliche Kürze, durch die er sich von den stets knöchellangen Herrscherbinden der byzantinischen Kaiser deutlich unterscheidet. Schon O. von Falke wies darauf hin, daß die ältesten Darstellungen ähnlich kurzer Loroi auf den Platten der Monomachos-Krone (1042–1050) zu finden sind[327]. Die dort abgebildeten Tänzerinnen und Tugenden (Abb. 87) tragen alle einen kurzen Loros und den zugehörigen Juwelenkragen, während der byzantinische Kaiser und die beiden Kaiserinnen (Abb. 87) mit langem Loros bekleidet sind. Übrigens zeigt auch eine der Emailplatten der Pala d'Oro von San Marco den venezianischen Dogen Orlando Falier (1102–1118) mit einem kurzen Loros, welcher allerdings unten nicht gerade abschließt, sondern in einem großen Rundmedaillon endet[328].

Alle bisher erwähnten Merkmale bezeugen gemeinsam, daß der Mainzer Brustbehang noch nicht im 10. Jahrhundert, sondern erst im mittleren Drittel des 11. Jahrhunderts entstanden ist und deshalb auch nicht das Eigentum der Kaiserin Theophanu gewesen sein kann.

Aus den unterschiedlichen Edelstein- und Gemmenfassungen hatte K. Flügel geschlossen, daß der Juwelenkragen nicht gleichzeitig, sondern später als der Brustbehang angefertigt worden sei[329]. Nach den vorstehenden Untersuchungen stammen aber beide Schmuckstücke aus dem mittleren Drittel des 11. Jahrhunderts. Ein zwingender Grund für die Annahme, daß zwischen den beiden Goldschmiedearbeiten ein großer zeitlicher Abstand gelegen habe, liegt also nicht vor. Es wäre jedoch denkbar, daß sie in unterschiedlichen Werkstätten hergestellt wurden. Gegen diese Annahme dürfte allerdings sprechen, daß zwei kleine Anhänger des Juwelenkragens an dünneren Ringketten als alle anderen befestigt sind, und daß diese dünnen Ringketten mit denen des Brustbehangs übereinstimmen.

Für die Frage nach der Herkunft des Brustbehangs ist die Tatsache von entscheidender Bedeutung, daß alle seine Zierelemente byzantinischen Ursprungs, einige davon sogar ausschließlich bei Goldschmiedearbeiten aus Byzanz beziehungsweise Italien nachweisbar sind. Auf einen Golddraht gesteckte Perlen, die in einem offenen Perldrahtring sitzen, kommen nämlich schon bei den byzantinischen Ohrringen aus der Zeit des Johann Tzimisces (969–976) und denen aus dem 971 vergrabenen Schatz von Preslav (Abb. 5,3) vor[330]. Schmuckstücke, deren Außenrand – wie bei der Lunula des Mainzer Loros – mit aufgefädelten Perlen verziert ist, welche nur von vorspringenden Goldblechösen gehalten werden, stammen ganz offensichtlich aus dem Mittelmeerraum[331]. Die goldenen Ringketten schließlich, aus denen der Loros und das Maniakion gearbeitet sind, waren im byzantinischen Kunsthandwerk bereits im 7. Jahrhundert bekannt[332] und auch noch im 11./12. Jahrhundert gebräuchlich[333]. Sie schmücken nicht nur das byzantinische Goldarmband aus den ungarischen Königsgräbern von Szekesfehervar[334], sondern bilden auch die Pendilien am byzantinischen Reif der Stephanskrone und des ungarischen

327 von Falke (Anm. 276) 9 Abb. 10. – K. Wessel, Die byzantinische Emailkunst (1967) 98 ff. Abb. 32,d–g.

328 W. F. Volbach, in: La Pala d'Oro. Il tesoro di San Marco (1965) 5 Taf. 1. Wessel (Anm. 237) 133 ff. Abb. 40. – S. Bettini, Venedig, die Pala d'Oro und Konstantinopel. In: H. Hellenkemper (Hg.), Der Schatz von San Marco in Venedig. Kat. Köln (1984) 33 ff. 55.

329 Flügel (Anm. 282) 12 ff.

330 H. Schlunk, Eine Gruppe datierbarer byzantinischer Ohrringe. Ber. Berliner Museen 61, 1940, 42 ff. Abb. 1–2. – Totev (Anm. 285) Taf. 15,2–4.

331 Außer den byzantinischen Kegelfibeln in Hamburg und London (Abb. 14–15) und den in Anm. 90 erwähnten Schmuckstücken wären u. a. noch das byzantinische Kreuz aus Tournai (F. de Cuyper, La croix byzantine du trésor de la Cathédrale. Tornacum 1 [1987] Titelbild) und einige Kreuze aus Martvili zu nennen (T. Sanikidzé u. G. Abramishvili, Orfèvrerie géorgienne du VIIe au XIXe siècle. Kat. Genf [1979] Nr. 24 und 26). Auch die Goldfibel aus Cuyk (A. Roes, A travers les collections archéologiques de la Hollande. Ber. Amersfoort 6, 1955, 73 ff. Taf. 4,1–3) dürfte trotz des Schlangenmotivs auf der Rückseite von einem im Mittelmeerraum beheimateten Goldschmied geschaffen worden sein.

332 Vgl. die Ohrringe aus Zypern (Splendeur de Byzance. Kat. Brüssel [1982] 199), die Kettenohrringe aus dem Schatz von Chios (M. Schulze, Frühmittelalterliche Kettenohrringe. Arch. Korrbl. 14, 1984, 325 ff. Abb. 2 Taf. 41) sowie eine noch unveröffentlichte goldene Gürtelkette im Römisch-Germanischen Zentralmuseum Mainz Inv. Nr. O.40562-2.

333 In einem Schatzfund aus Kleinasien, der 1988 im New Yorker Kunsthandel angeboten worden ist, befanden sich auch mehrere Kettenohrringe des 11. Jahrhunderts aus goldenen Ringketten. – Vgl. auch die Ringketten eines Halsbandes aus dem 11./12. Jahrhundert in New York (W. Zaloziecky, Das byzantinische Kunstgewerbe in der mittelalterlichen und spätmittelalterlichen Periode. In: H. Th. Bossert [Hg.], Geschichte des Kunstgewerbes aller Zeiten und Völker 5 [1932] 147).

334 J. Deér, Die Heilige Krone Ungarns (1966) Abb. 366. – E. Kovács, Romanische Goldschmiedekunst (1974)

Abb. 87 Emaillierte Goldplatten der byzantinischen Monomachos-Krone aus der Mitte des 11. Jahrhunderts. – Oben: Tanzende Tugenden. Unten: Kaiser Konstantin Monomachos, Kaiserin Theodora und Kaiserin Zoë. – Ungarisches Nationalmuseum Budapest. – M = 1:1.

Krönungsszepters[335], das wegen des Berings aus engen, freistehenden Achterschlaufen auf dem Deckel seiner Bergkristallkugel ebenfalls als das Werk eines byzantinischen oder italienischen Goldschmieds anzusehen ist (s. S. 34). In Mitteleuropa sind Ringketten aber ansonsten – mit Ausnahme des verschollenen Kettenhalsbandes von Chelmce aus dem 11. Jahrhundert und eines Kettenfragmentes in Schatz I von Posen[336] – auffällig selten. Da die zahlreichen wikingischen und slawischen Schatzfunde des 10. und 11. Jahrhunderts statt dessen aber viele Fuchsschwanzketten oder Ohrringe mit Pendilien aus Fuchsschwanzketten enthalten[337], darf man annehmen, daß Ringketten offenbar vorwiegend im Mittelmeerraum und nicht in den Gebieten nördlich der Alpen hergestellt wurden.

Insgesamt gesehen, deuten die aus Byzanz stammende Form des Mainzer Juwelenkragens und des Brustbehangs, der ganz aus Perldrähten geformte Halbmond (Lunula) mit seinem aufgefädelten Perlrand und den Edelsteinen in einfacher Krallenfassung, die Verwendung von goldenen Ringketten und von Scharnierverschlüssen sowie die erstaunlich große Zahl von antiken Gemmen darauf hin, daß beide Teile des Ensembles von byzantinischen oder von italienischen Goldschmieden geschaffen worden sind. Daß sie auch einige scheinbar »typische deutsche« Schmuckformen – wie Schlaufenfassungen, Perldrahtkegel, Dreibeine, freitragende Goldkugeln oder lilienförmige Edelsteinfassungen aus Filigrandraht – aufweisen, fällt dagegen kaum ins Gewicht, denn diese kommen durchaus bei Goldschmiedearbeiten aus dem Mittelmeerraum vor[338] und dürften letztlich sogar von dort übernommen worden sein.

Die Herkunftsbestimmung des Brustbehangs wirft ein ganz neues Licht auf die deutsche Kaiserkrone, deren Platten ja in einem engen stilistischen Zusammenhang mit dem Mainzer Loros stehen. Sie ist ein erster konkreter Anhaltspunkt für den Verdacht, daß auch der Reif der Reichskrone von Goldschmieden aus dem Süden, vermutlich aus Italien, angefertigt worden sein dürfte.

Abb. 13. – Daß es sich bei diesem Goldarmband um eine byzantinische Arbeit handelt, beweist das Rundmedaillon mit einem lose aufgefädelten Perlrand und einer Zellenschmelzeinlage, die denen des byzantinischen Lektionars in Siena auffällig ähnelt (vgl. P. Hetherington, Byzantine enamels on a Venetian book-cover. Cahiers Arch. 27, 1978, 117ff. Abb. 3).

335 Deér (Anm. 334) Abb. 3–4 und 361. – É. Kovács u. Zs. Lovag, Die ungarischen Krönungsinsignien (1988).

336 Chelmce: T. von Wolański, Briefe über slawische Alterthümer (1846) 49f. Taf. 5,1; J. Slaska u. S. Tabaczyński, Wczesnośredniowieczne skarby srebrne wielkopolski (1959) 50 Nr. 97 Taf. 18. – Schatz I von Posen: (Slaska u. Tabaczyński a. a. O. Taf. 18).

337 Vgl. u. a. die mit Fuchsschwanzketten verzierten Ohrringe aus Schatzfunden in Polen (Slaska u. Tabaczyński [Anm. 336] Taf. 7ff. – H. Seger, Die schlesischen Silberfunde der spätslawischen Zeit. Altschlesien 2, 1929, 133ff. Abb. 14–17.27) und die Ohrringe mit Kettenanhängern aus Runsberga (M. Stenberger, Die Schatzfunde Gotlands 1 [1958] Abb. 32) oder den Goldohrring mit Emaileinlagen aus Oldenburg (I. Gabriel, Hof- und Sachkultur sowie Gebrauchs- und Handelsgut im Spiegel der Kleinfunde von Starigard/Oldenburg. Ber. RGK 69, 1988, 176f. Abb. 29).

338 Vergleiche u. a. zu den Schlaufenfassungen die Goldfibel aus Astorga (El Arte Romanico. Kat. Barcelona [1968] 503 Abb. 1717), zu den Perldrahtkegeln die Rückseite des Kreuzes von Velletri (Y. Hackenbroch, Italienisches Email im frühen Mittelalter. Ars docta 2 [1938] 49ff. Abb. 35) sowie das byzantinische Kreuz aus Dinogetia (I. Barnea, Christian Art in Romania [1981] 136f.), zu den Lilienfassungen aus Filigrandraht die Sternfibeln vom Mainzer Domchor (Taf. 5), welche wohl in Italien entstanden sind (dazu s. S. 65), und zu den freitragenden Goldkugeln die Kegelfibel aus Minden (vgl. Abb. 18), welche wegen ihres Randes aus aufgefädelten Perlen als byzantinische oder italienische Arbeit zu bezeichnen ist. Die Dreibeine auf der Vorderseite des schildförmigen Anhängers des Juwelenkragens gleichen bezeichnenderweise denen auf dem Perikopenbuch Kaiser Heinrichs II., das 1007 oder 1012 entstanden ist (Schramm u. Mütherich [Anm. 323] Nr. 110 Taf. 327. – K. Wessel, Die byzantinische Emailkunst [1967] 82ff. Nr. 26) und bei dem es sich vermutlich auch um das Werk italienischer oder byzantinischer Goldschmiede handelt. Dafür sprechen nicht nur die echten byzantinischen Senkschmelzplatten, sondern auch die Ähnlichkeit der Zellenschmelz-Medaillons mit breitem Goldrand an den Ecken mit jenen auf dem Evangeliar von Vercelli in Italien (F. Steenbock, Der kirchliche Prachteinband im frühen Mittelalter [1965] Nr. 91 Abb. 126. – M. M. Gauthier, Émaux du moyen age occidental [1972] Nr. 28 Abb. 28), der Verzicht auf eine Filigranverzierung des Goldgrundes sowie die für typisch deutsche Buchdeckel ganz ungewöhnliche Einfassung des Mittelfeldes mit einer aufgefädelten Perlschnur, welche wiederum für byzantinische Buchdeckel charakteristisch ist. Dies belegen u. a. mehrere Buchdeckel in Venedig (Wessel a. a. O. Abb. 13a–b. 27a–b. 58a–b. – H. Hellenkemper [Hg.], Der Schatz von San Marco in Venedig. Kat. Köln [1984] 160ff. Abb. 14 und 14a). Vergleichbare Dreibeine finden sich auch schon auf dem Altar des Volvinus (824–835) in Mailand. Sie rahmen den ovalen Edelstein im Zentrum eines Kreuzes auf der Schmalseite des Altares (nach Detailaufnahmen im Bildarchiv des Römisch-Germanischen Zentralmuseums Mainz; vgl. J. Hubert, J. Porcher u. W. F. Volbach, Die Kunst der Karolinger [1969] Abb. 223).

Über die innere Gliederung und zeitliche Entwicklung des 1880 in Mainz geborgenen Schatzes gab es bisher zwei grundverschiedene Ansichten. Unbestritten blieb dabei nur die Aufteilung der Schmuckstücke in zwei stilistische Gruppen, welche O. von Falke vorgenommen hat. Bekanntlich hielt er den Brustbehang, den Juwelenkragen, die beiden »Adlerfibeln«, das einseitig verzierte Ohrringpaar und alle neun Fingerringe für den »Krönungsschmuck« der Kaiserin Gisela und datierte ihn in die Zeit um 1025, also vor den Antritt ihrer Reise nach Rom, wo sie 1027 gemeinsam mit Konrad II. zur Kaiserin gekrönt wurde[339].

Zur zweiten Gruppe rechnete er die Buckelfibel mit Trommelkranz (den »Fürspan«), die Kegelfibeln mit Trommelkranz und die kleine Buckelfibel mit Perlrand, das beidseitig verzierte Ohrringpaar und die beiden Stecknadeln[340]. Diese Stücke zeichnen sich durch die reichere Verwendung von Filigranornamenten, durch Granulation und größere Zartheit als die Juwelen der ersten Gruppe aus. Angesichts der gleichwohl vorhandenen Gemeinsamkeiten wies von Falke beide Gruppen der gleichen Zeit zu. Sie schienen ihm zwar von verschiedener Hand, aber doch in der gleichen Werkstatt gearbeitet worden zu sein[341].

In der Überzeugung, daß die Platten der deutschen Kaiserkrone bereits für Otto I. oder Otto II. geschaffen worden seien[342], ging man seit den 50er Jahren dieses Jahrhunderts davon aus, daß die »älteren« Teile des Mainzer Hortes, der sogenannte Krönungsschmuck, aus ottonischer Zeit stammen[343]. Darüber hinaus versuchte H. Westermann-Angerhausen auch die Fibeln der zweiten Gruppe zeitlich zu differenzieren. Während sie die große Buckelfibel mit Trommelkranz für eine Arbeit aus der Regierungszeit Kaiser Heinrichs II. hielt, setzte sie die vier Kegelfibeln mit Trommelkranz in spätottonische und frühsalische Zeit[344].

Die vorstehenden Untersuchungen haben indes gezeigt, daß der Schatzfund von 1880 weder Schmuckstücke aus ottonischer noch aus spätottonischer Zeit enthält. Lediglich die zwei 1896 am Mainzer Domchor entdeckten Sternfibeln stammen aus dem ersten Viertel des 11. Jahrhunderts. Dagegen sind die ältesten Stücke des Schatzes von 1880 tatsächlich erst – wie schon O. von Falke annahm – in der Regierungszeit Konrads II. und Giselas entstanden. Es handelte sich dabei jedoch um weitaus weniger

339 O. von Falke, Der Mainzer Goldschmuck der Kaiserin Gisela (1913) 22.

340 von Falke (Anm. 339) 23 ff.

341 von Falke (Anm. 339) 28 f.

342 H. Fillitz, Studien zur römischen Reichskrone. Jahrb. Kunsthist. Sammlungen Wien 50, 1953, 42.52. – H. Decker-Hauff, Die »Reichskrone«, angefertigt für Kaiser Otto I. In: P. E. Schramm, Herrschaftszeichen und Staatssymbolik 2 (1955) 560 ff. – H. Fillitz, Die Krone des Heiligen Römischen Reiches, zur Rekonstruktion der ursprünglichen Form. In: Festschr. K. H. Usener (1967) 21 ff. – H. Wolfram, Überlegungen zur Datierung der Wiener Reichskrone. Mitt. Inst. Österr. Geschichtsforsch. 78, 1970, 84 ff. – H. Fillitz, Die Schatzkammer in Wien (1986) 165 f. – G. J. Kugler, Die Reichskrone (2. Aufl. 1986) 23 ff. – H. Trnek, in: Weltliche und Geistliche Schatzkammer. Bildführer des Kunsthistorischen Museums Wien (1987) Nr. 153.

343 E. Steingräber, Alter Schmuck (1956) 26. – P. E. Schramm u. F. Mütherich, Denkmale der deutschen Könige und Kaiser (1962) 168 Nr. 144. – V. H. Elbern, Goldschmiedekunst. In: Werdendes Abendland an Rhein und Ruhr. Kat. Essen 2 (1964) 1037. – Ders., Ottonische Bildnerei in edlen Materialien. In: E. Kubach u. V. H. Elbern, Das frühmittelalterliche Imperium (1968) 220. – K. Flügel-Lindenlaub, Zur Geschichte des Gisela-Schmuckes. Neue Museumskunde 13, 1970, 50. – G. Bott, Ullstein Juwelenbuch (1972) 48. – C. B. Heller, J. Schneider u. W. Dennert, Bruckmann's Handbuch des Schmucks (1977) 30. – H. Westermann-Angerhausen, Die Mindener Goldfibel. Westfalen 61, 1983, 102. – Dies., Die Mindener Goldfibel. In: Ausgrabungen in Minden. Kat. Minden (1987) 186. – V. H. Elbern, Goldschmiedekunst im frühen Mittelalter (1988) 104.

344 H. Westermann-Angerhausen, Ottonischer Fibelschmuck, neue Funde und Überlegungen. Jewellery Studies 1, 1983–1984, 22 ff., 35 f.

Schmuckstücke, als er vermutete, nämlich nur um die beiden Münzringe mit löwenförmigen Schienen und allenfalls noch um den Saphir-Ring mit den auf das Goldblech gelöteten dreifingerigen Krallen. Die meisten Juwelen sind aber erst etwas später, im Verlaufe des zweiten Drittels des 11. Jahrhunderts, angefertigt worden, also etwa zur Regierungszeit Kaiser Heinrichs III. und der Kaiserin Agnes. Allerdings könnten die jüngsten Stücke – zwei Steigbügelringe aus der zweiten Hälfte des 11. Jahrhunderts – erst zu Zeiten Heinrichs IV. und Berthas der Schmuckkollektion hinzugefügt worden sein. Sie beweisen ebenso wie der Mangel an Schmuckstücken des 12. Jahrhunderts, daß der Schatz während des späten 11. Jahrhunderts im Keller des Mainzer Hauses versteckt worden sein muß.

DIE HERKUNFT DER SCHMUCKSTÜCKE

Die Auffassung O. von Falkes, daß alle Schmuckstücke des Schatzfundes von 1880 ebenso wie der erst 1904 aufgefundene Ohrring und die zwei beim Domchor entdeckten Sternfibeln in der gleichen Werkstatt, und zwar in Mainz, hergestellt worden seien[345], läßt sich heute nicht mehr vertreten. Daß es sich um Arbeiten mehrerer Goldschmiede handelte, darf man nicht nur aus ihrem unterschiedlichen Alter, sondern auch aus der Mannigfaltigkeit der Verzierungsformen schließen.

Jedenfalls stammen nicht nur der emaillierte Steigbügelring, sondern auch das zweiseitig verzierte Ohrringpaar, die Buckelfibel mit Perlrand, der Juwelenkragen und der Brustbehang, wahrscheinlich auch die große Adler-Pfauenfibel sowie der mit durchbrochener Rankenornamentik verzierte Fingerring aus Byzanz beziehungsweise aus Italien. Zumindest aber dürften sie von dort beheimateten Goldschmieden hergestellt worden sein.

Im Unterschied dazu weisen die Gruppen von Goldblechröhrchen mit Kugelpyramiden auf dem Rand eines der beiden Münzfingerringe mit löwenförmigen Schienen darauf hin, daß dieses Schmuckstück in jener Werkstatt angefertigt worden ist, in der auch das Heinrichsportatile[346] und das Reichskreuz Konrads II.[347] entstanden sind. Aus späterer Zeit und von ganz anderer Hand als der Ring stammen schließlich die große Buckelfibel und die vier Kegelfibeln mit Trommelkranz, welche sich in ihrer Machart überaus ähneln.

Die kleine Adler-Pfauenfibel ist offenbar von einem Goldschmied, der die Kunst der Zellenemaillierung noch nicht meisterlich beherrschte, als Pendant zur größeren geschaffen worden. Der gleiche Mann könnte, soweit man das aus den Schmuckelementen des Pfauenrades schließen darf, auch jenen Kelch gefertigt zu haben, der später als Reliquiar für das Haupt der hl. Elisabeth verwendet wurde[348]. Der von einem byzantinischen oder italienischen Goldschmied angefertigte Mainzer Brustbehang ist etwas später entstanden als die Platten der deutschen Kaiserkrone. Mit diesen ist der Loros, nicht zuletzt wegen der charakteristischen Perlfassungen mit dicken, freitragenden Goldkugeln, so eng verwandt, daß er entweder in der gleichen Werkstatt oder zumindest von einem Mann hergestellt worden sein muß, der in der Tradition dieser »Kronenwerkstatt« arbeitete.

An welchen Orten die einzelnen Schmuckstücke des Mainzer Schatzfundes letztlich geschaffen wurden, ist aus Mangel an eindeutigen historischen Nachrichten und archäologischen Befunden nicht mit Sicherheit zu klären. O. von Falke glaubte, daß dies nur in Mainz geschehen sein könnte, weil hier Produkte der »gleichen« Werkstatt an verschiedenen Stellen zutage gekommen seien[349]. Seiner Meinung schlossen sich seither viele Wissenschaftler an[350]. Dagegen hat sich die These von H. Fillitz, daß die »Kronenwerkstatt« nicht in Mainz, sondern auf der Insel Reichenau zu suchen sei[351], ebensowenig

345 von Falke (Anm. 339) 29.

346 H. Fillitz, Das Kreuzreliquiar Kaiser Heinrichs II. in der Schatzkammer der Münchener Residenz. Münchner Jahrb. Bildende Kunst 9/10, 1958–1959, 15 ff. – W. Messerer, Der Bamberger Domschatz in seinem Bestande bis zum Ende der Hohenstaufen-Zeit (1952) Abb. 56.

347 H. Fillitz, Die Schatzkammer in Wien (1986) Taf. 6.

348 A. Weixlgärtner, Das Reliquiar mit der Krone im Staatlichen Historischen Museum zu Stockholm. Das Reliquiar. Kungl. Vitterhets Hist. och Antiqv. Akad. Handlingar. Antiqv. Ser. 1 (1954) 11 ff. Abb. 35–40. – A. Andersson, Das Reliquiar mit der Krone. In: Sankt Elisabeth, Fürstin – Dienerin – Heilige. Kat. Marburg (1981) 513 Taf. 5.

349 von Falke (Anm. 339) 29.

350 R. Zahn, Schmuckarbeiten in Edelmetall. Ausstellungskat. Berlin (1932) 124. – E. Meyer, Zur Geschichte des hochmittelalterlichen Schmuckes. In: Das 7. Jahrzehnt. Festschr. A. Goldschmidt (1935) 33. – E. Steingräber, Alter Schmuck (1956) 26. – K. Flügel-Lindenlaub, Zur Geschichte des Gisela-Schmuckes. Neue Museumskunde 13, 1970, 50. – Westermann-Angerhausen (Anm. 344) 29. – P. Metz, in: Th. Bossert, Geschichte des Kunstgewerbes 5 (1932) 230. – E. Steingräber, Email. RDK 5 (1959) 24.

351 H. Fillitz, Studien zur römischen Reichskrone. Jahrb. Kunsthist. Sammlungen Wien 50, 1953, 44.52.

durchsetzen können wie M. Rosenbergs Annahme einer süditalienischen oder sizilianischen Herkunft aller Schmuckstücke der von O. von Falke definierten »zweiten Gruppe« des Mainzer Schatzes[352]. Andererseits ist der völlige Verzicht auf eine genaue Ortsbestimmung und die allgemeine Lokalisierung »Westdeutschland« beziehungsweise »Rheinland«[353] doch ziemlich unbefriedigend. Immerhin gibt es schriftliche und archäologische Hinweise darauf, daß in Mainz tatsächlich bedeutende Goldschmiedewerkstätten existierten. Die Vermutung, daß zumindest einige der aufgefundenen Schmuckstücke auch in Mainz hergestellt worden sein dürften, ist also nicht ganz unberechtigt, vor allem dann, wenn man sich die politische Situation der damaligen Zeit vor Augen hält.

Die Salierkaiser residierten bekanntlich nicht in einer bestimmten Pfalz oder einer Hauptstadt, sondern zogen zeitlebens mit ihrem Gefolge durch die verschiedenen Regionen ihres Herrschaftsbereichs. So wurde Mainz als ständiger Sitz des erzbischöflichen Reichskanzlers fast zwangsläufig zum »Zentralort« des Deutschen Reiches. In der Salierzeit war es daher die Stadt mit den meisten Königsaufenthalten, Schauplatz mehrerer Krönungen von Königen und Königinnen, von Reichsversammlungen, Kirchensynoden und anderem mehr. Nicht ohne Grund priesen die zeitgenössischen Dichter Mainz als »Königliche Stadt«, »Metropole der Städte«, »Goldenes Haupt« oder gar als »Diadem des Reiches«[354]. Mit dem politischen Primat war aber auch eine wirtschaftliche Vorrangstellung verbunden, die eventuell auch auf die verkehrsgünstige Lage am Rhein gegenüber der Mainmündung zurückzuführen ist. Über Mainz lief ja nicht nur der Handel nach Norden und Süden. Von hier aus führten auch die Handelswege in den Osten[355], vor allem nach Byzanz. Am Fernhandel mit Luxusgütern waren die jüdischen Kaufleute der damals hochberühmten Judengemeinde von »Magenza« maßgeblich beteiligt[356]. Es ist daher nicht verwunderlich, daß sich unter den wohlhabenden Mainzer Juden schon im 10./11. Jahrhundert nachweislich auch ein vielbeschäftigter Goldschmied befunden hat, von dem unter anderem berichtet wird, daß er für einen Glaubensbruder einen goldenen Thoradeckel angefertigt habe[357].

Die Existenz von Schmuckwerkstätten in Mainz wird aber nicht nur durch dieses zufällig erhaltene literarische Zeugnis, sondern auch durch archäologische Funde belegt. Bauliche Überreste wurden bisher zwar noch nicht entdeckt, doch kamen neuerdings in der am Rheinufer gelegenen Löhrstraße immerhin Rohgüsse, Bleiabfälle und Halbfabrikate von Bronzeschmuck zutage, die von einer solchen Werkstatt stammen müssen[358].

Daß die Mainzer Schmuckwerkstätten von überregionaler Bedeutung waren, läßt sich auch indirekt nachweisen, nämlich anhand der Verbreitungskarten emaillierter Bronzescheibenfibeln der zweiten Hälfte des 10. und der ersten Hälfte des 11. Jahrhunderts. Nach den Untersuchungen von J. Giesler gehörten deren Typen teils einem nördlichen, teils einem südlichen Formenkreis an[359]. Als einzige deutsche Stadt lag Mainz im Überschneidungsbereich beider Kreise. Es wäre also durchaus denkbar, daß sich hier Werkstätten befanden, die sowohl den Norden als auch den Süden des Reiches mit ihren

352 M. Rosenberg, Geschichte der Goldschmiedekunst auf technischer Grundlage. Granulation (1918) 113ff. So auch A. Lipinsky, Sizilianische Goldschmiedekunst im Zeitalter der Normannen und Staufer. Das Münster 10, 1957, 185 Nachtrag.

353 K. Flügel-Lindenlaub, Der Mainzer Goldschmuck, genannt »Giselaschmuck«. In: Metall im Kunsthandwerk. Kat. Berlin (1967) 60. – H. Westermann-Angerhausen, Ein ottonisches Schmuckstück aus dem Rheinland in Schleswig. Beitr. Schleswiger Stadtgesch. 22, 1977, 15. – V. H. Elbern, Goldschmiedekunst. In: Werdendes Abendland an Rhein und Ruhr 2 (1964) 1038.

354 L. Falck, Mainz im frühen und hohen Mittelalter. Geschichte der Stadt Mainz 2 (1972) 119f.

355 Falck (Anm. 354) 107. 116.

356 Falck (Anm. 354) 116f. – Ders., Glanz und Elend der mittelalterlichen Judengemeinde. In: Juden in Mainz. Kat. Mainz (1978) 25ff.

357 I. A. Agus, Urban civilisation in Pre-Crusade Europe. A study of organized town-life in Northwestern Europe during the tenth and eleventh centuries based on the responsa literature 1 (1968) 383ff. – Falck (Anm. 354) 117.

358 E. Wamers, Frühmittelalterliche Funde aus Mainz. In: Frankfurter Beiträge zur Mittelalter-Archäologie 1 (1986) 49. – Ders., A tenth-century metal ornament from Mainz, West Germany. Medieval Arch. 31, 1987, 105ff. Taf. 7.

359 J. Giesler, Zu einer Gruppe mittelalterlicher Emailscheibenfibeln. Zeitschr. Arch. Mittelalter 6, 1978, 57ff. Abb. 4. – Ders., Ottonischer Emailschmuck. In: J. Hoops, Reallexikon der Germanischen Altertumskunde 7 (1989) 231f. Abb. 56. – Vgl. auch H. Vierck, Mittel- und westeuropäische Einwirkungen auf die Sachkultur von Haithabu-Schleswig. In: Archäologische und naturwissenschaftliche Untersuchungen an Siedlungen im deutschen Küstengebiet 2. Handelsplätze des frühen und hohen Mittelalters (1984) Abb. 193–194.

Produkten versorgten. Zwar erscheinen die emaillierten Bronzescheibenfibeln aus heutiger Sicht als billige »Massenware«, doch waren sie anscheinend so teuer, daß sie nur von den wohlhabenden und vornehmen Leuten erworben werden konnten. In den Kerngebieten des Deutschen Reiches sind sie – anders als in den östlichen Grenzregionen[360] – nämlich nur auf Burgen, in Städten und vereinzelten Gräbern, aber nie in dörflichen Siedlungen nachweisbar.

Was liegt näher als die Vermutung, daß die aus den verschiedenen Regionen des Landes stammenden Teilnehmer an diversen Reichsversammlungen, Synoden und sonstigen Veranstaltungen, aber auch Pilger und andere Reisende ihren Aufenthalt in Mainz auch dazu nutzten, um ihren Bedarf an Schmuck bei den Goldschmieden der Stadt zu decken? Und warum sollte es der König, der sich fast alljährlich ein- bis zweimal mit seinem Gefolge in Mainz aufhielt, nicht ebenso tun? Vermutlich ordnete der Herrscher bei solchen Gelegenheiten auch die Herstellung goldener Gerätschaften an, die er – damaligem Brauch gemäß – Kirchen und Klöstern des Reiches stiften wollte[361].

Außer der »Laufkundschaft« mögen aber auch die Aufträge des Mainzer Erzbischofs und Erzkanzlers zum Wohlstand der städtischen Goldschmiede beigetragen haben. In diesem Zusammenhang sei nur an das große, mit Goldplatten verkleidete und 600 Pfund schwere Holzkreuz des »Benna« erinnert, das Erzbischof Willigis (975–1011) für den Mainzer Dom hatte anfertigen lassen[362].

Daß das hochmittelalterliche Mainz ganz sicher mehr als eine Goldschmiedewerkstatt beherbergt hat, läßt sich nicht zuletzt aus dem Vergleich mit archäologischen Befunden an politisch und wirtschaftlich weit weniger bedeutsamen Plätzen erschließen. So kamen beispielsweise in den Siedlungsschichten der Breslauer Bischofsburg aus dem 11. Jahrhundert bisher immerhin Funde und Grundrisse von zwei verschiedenen Goldschmiedewerkstätten zutage[363]. Selbst in der kleinen Ortschaft Wülfingen am Kocher fanden sich bei Ausgrabungen die Überreste eines aufwendigen, dreischiffigen Hauses mit Steinfundamenten aus dem 11. und frühen 12. Jahrhundert, in dem nachweislich Buntmetall geschmolzen und verarbeitet worden war[364].

Außer den Goldschmieden, die in Städten oder auf den Burgen des Adels arbeiteten, hat es im 11. Jahrhundert sicher auch noch Klosterwerkstätten – wie zum Beispiel in Helmarshausen – gegeben[365], die liturgisches Gerät für den Bedarf der Kirchen herstellten. Ob allerdings auch der Mainzer Erzbischof über eine solche klösterliche Goldschmiedewerkstatt verfügte, etwa beim Kloster St. Alban, wo die Mainzer Erzbischöfe jahrhundertelang bestattet worden sind[366], ließe sich allenfalls durch neue Ausgrabungen im Klosterbereich klären.

Wie schon eingangs erwähnt, befinden sich unter den in Mainz gefundenen Schmuckstücken auch einige »Fremdlinge«. Bei diesen könnte es sich zwar um echte Importe aus Italien oder Byzanz, aber auch um Arbeiten dort beheimateter Goldschmiede handeln, die sich am Rhein oder in anderen Regionen des Deutschen Reiches niedergelassen hatten, so wie es zum Beispiel für Baumeister und Maler des späten 10. und frühen 11. Jahrhunderts bezeugt ist[367].

360 J. Giesler, Zu einer Gruppe mittelalterlicher Emailscheibenfibeln. Zeitschr. f. Arch. d. Mittelalters 6, 1978, 57ff. Abb. 2.

361 U. Bergmann, PRIOR OMNIBUS AUTOR – an höchster Stelle aber steht der Stifter. In: Ornamenta Ecclesiae. Kat. Köln 1 (1985) 127ff.

362 Falck (Anm. 354) 103. – Th. K. Kempf, Benna Trevirensis de Sancti Paulini patrocinio. In: Mainz und der Mittelrhein in der europäischen Kunstgeschichte. Festschr. W. F. Volbach (1966) 195. – R. Haussherr, Die Skulptur des frühen und hohen Mittelalters an Rhein und Maas. In: Rhein und Maas. Kat. Köln (1973) 390.

363 J. Kaźmierczyk, J. Kramarek u. Cz. Lasota, Forschungen auf Ostrów Tumski in Wrocław im Jahre 1974. Silesia Antiqua 18, 1976, 224 Abb. 1. – Dies., Archäologische Untersuchungen auf der Dominsel in Wrocław im Jahre 1975. Silesia Antiqua 19, 1977, 239 Abb. 1.

364 G. P. Fehring, Grabungen in Siedlungsbereichen des 3. bis 13. Jahrhunderts sowie an Töpferöfen der Wüstung Wülfingen am Kocher. Château Gaillard 3 (1969) 48ff. Taf. 7, A.- M. Schulze, Die Wüstung Wülfingen am Kocher. Jahrb. Römisch-Germanisches Zentralmuseum 23–24, 1976/77, 167ff. Abb. 8.

365 E. Brepohl, Theophilus Presbyter und die mittelalterliche Goldschmiedekunst (1987) 20f. – P. C. Claussen, Goldschmiede des Mittelalters. Zeitschr. dt. Ver. Kunstwiss. 32, 1978, 47. – E. Freise, Zur Person des Theophilus und seiner monastischen Umgebung. In: Ornamenta Ecclesiae. Kat. Köln 1 (1985) 357ff.

366 W. Selzer, St. Alban. Führer zu vor- und frühgeschichtlichen Denkmälern 11 (1969) 147ff. (mit älterer Literatur). – Falck (Anm. 354) 94f.

367 W. Ohnsorge, Byzanz und das Abendland im 9. und 10. Jahrhundert. In: Abendland und Byzanz (1963) 9 Anm. 30.

DIE HISTORISCHE DEUTUNG DES SCHATZES

Die erneute wissenschaftliche Bearbeitung des Mainzer Schatzfundes vom Jahre 1880 hat ergeben, daß die darin enthaltenen Schmuckstücke nicht der Kaiserin Gisela (1024–1039, † 1043) gehörten, wie es O. von Falke vermutet hatte. Allerdings läßt sich die von seinen Kritikern vertretene These, daß die ältesten Stücke schon in ottonischer Zeit entstanden seien[368], ebensowenig aufrechterhalten. Vielmehr deuten alle Indizien darauf hin, daß die meisten Juwelen, die im mittleren Drittel des 11. Jahrhunderts angefertigt wurden, aus dem Besitz der Kaiserin Agnes (1043–1062, † 1077) stammen, auch wenn keine Namensinschrift vorhanden ist, die diese Zuschreibung bestätigen könnte.

Grundsätzlich darf man angesichts des großen materiellen Wertes und der qualitätvollen Machart der goldenen Kleinodien, die teilweise in den gleichen Werkstätten wie die Kaiserkrone beziehungsweise das Reichskreuz hergestellt worden sind, davon ausgehen, daß nur eine ganz besonders reiche und vornehme Dame als Eigentümerin in Betracht kommt. Daß es sich dabei nicht »nur« um eine Fürstin, sondern um die Kaiserin selbst handelte, läßt sich, wie schon O. von Falke betonte[369], aus der Existenz des Loros und des Maniakions schließen, die schließlich Imitationen byzantinischer Herrscherinsignien darstellen. Ob sie allerdings ausschließlich als Krönungsornat dienten und nicht etwa auch zur Hochzeit und ähnlich glanzvollen Festen angelegt wurden, bleibt fraglich.

Auf die Kaiserin und den Kaiser verweisen zudem vereinzelte Darstellungen und Beschreibungen von Schmuckstücken aus dem mittleren 11. Jahrhundert, die denen des Mainzer Hortfundes auffällig ähneln. Hier ist an die goldene Kegelfibel mit »Trommelkranz«, die Kaiser Konrad II. auf einer Miniatur im Speyerer Evangeliar Heinrichs III. (1043–1046) trägt (vgl. Taf. 3,1)[370], ebenso zu erinnern wie an die Halbmondohrringe vom Mainzer Typ, mit denen Kaiserin Agnes zweimal abgebildet worden ist (vgl. Taf. 2,3–4)[371]. Auch hat es den Anschein, daß der Dichter des Ruodlieb-Romans (um 1050) Juwelen der »Mainzer Art« vor Augen hatte, als er königliche Schmuckstücke beschrieb[372]. Wer denkt bei seiner Erwähnung eines goldenen Mondes mit Perlrand und Zellenemail-Einlagen nicht unwillkürlich an das beidseitig verzierte Mainzer Ohrringpaar (Kat. Nr. 3–4; Abb. 2,3–4), und wer fühlt sich bei der Schilderung einer deutschen Königin, die eine Fibel in Form eines fliegenden Adlers im Goldring trägt, nicht an die großen Adler-Pfauenfibeln erinnert? Vielleicht darf man diesem Hinweis sogar entnehmen, daß solche »Adlerfibeln« im mittleren 11. Jahrhundert bereits nicht nur Symbole christlicher Auferstehungshoffnung, sondern auch schon Herrschaftszeichen gewesen sind. Immerhin hatte ja ein ganz ähnlicher heraldischer Adler in einem Kranz aus Edelsteinen jenen Tragaltar geziert, den kein Geringerer als Kaiser Heinrich III. einst dem Kloster St. Trinité in Vendôme (1039–1046) stiftete (Abb. 88)[373].

368 H. Fillitz, Studien zur Römischen Reichskrone. Jahrb. Kunsthist. Sammlungen Wien 50, 1953, 42. – H. Decker-Hauff, Die »Reichskrone«, angefertigt für Kaiser Otto I. In: P. E. Schramm, Herrschaftszeichen und Staatssymbolik 2 (1955) 594. – E. Steingräber, Alter Schmuck (1956) 26. – P. E. Schramm u. F. Mütherich, Denkmale der deutschen Könige und Kaiser (1962) 168 f. Nr. 144. – K. Flügel-Lindenlaub, Zur Geschichte des Gisela-Schmuckes. Neue Museumskunde 13, 1970, 50. – G. Bott, Ullstein Juwelenbuch (1972) 48. – H. Westermann-Angerhausen, Ein ottonisches Schmuckstück aus dem Rheinland in Schleswig. Beitr. Schleswiger Stadtgesch. 22, 1977, 10 ff. – Dies., Die Mindener Goldfibel. In: Ausgrabungen in Minden. Kat. Minden (1987) 186. – K. Flügel, Schatzkunst des Mittelalters (1985) 7 f. – V. H. Elbern, Goldschmiedekunst im frühen Mittelalter (1988) 104.

369 O. von Falke, Der Mainzer Goldschmuck der Kaiserin Gisela (1913) 2 ff.

370 P. E. Schramm, Die deutschen Kaiser und Könige in Bildern ihrer Zeit 751–1190, hg. von F. Mütherich (1983) Taf. 394.

371 Schramm (Anm. 370) Taf. 406 und 408.

372 Schramm u. Mütherich (Anm. 368) 60 f. 99 f.

373 Schramm u. Mütherich (Anm. 368) 172 Nr. 151 Taf. 380.

Abb. 88 Tragaltar Kaiser Heinrichs III., gestiftet für das Kloster St. Trinité in Vendôme (um 1039–1046). – Zerstört (nach Schramm u. Mütherich).

Daß wir Kaiserin Agnes als Besitzerin der Mainzer Juwelen ansehen dürfen, belegt nicht zuletzt auch der goldene Fingerring mit dem Bildnis Kaiser Heinrichs III. (1039–1056), der sie als seine Gemahlin ausweist.

Der Mainzer Schatzfund enthält zwar zwei Fingerringe aus frühsalischer Zeit, die entweder aus der Jugendzeit der Agnes von Poitou stammen oder Erbstücke von ihrer Vorgängerin Gisela gewesen sein könnten. Andererseits birgt er aber auch zwei ganz »neumodische« Steigbügelringe, die der Kaiserin Agnes vielleicht nicht mehr selbst gehört haben und die jedenfalls beweisen, daß das Schmuckensemble erst im ausgehenden 11. Jahrhundert an seinem späteren Fundort versteckt worden ist.

Die Frage, aus welchem Grund das Geschmeide der Kaiserin Agnes nach Mainz gelangte, warum es im Keller eines Mainzer Hauses verborgen wurde und nicht mehr ans Tageslicht gelangte, wird nie mit Sicherheit zu beantworten sein. Dennoch sollte eine plausible Hypothese nicht unerwähnt bleiben. Generell läßt die Tatsache, daß die wertvollen Juwelen jahrhundertelang unberührt in ihrem Versteck lagen und bei der Fundstelle angeblich Brandspuren[374] beobachtet wurden, darauf schließen, daß jene Menschen, die das Versteck kannten, eines plötzlichen, gewaltsamen Todes gestorben sind. Auf deren Spur führt uns die Lage des Hauses in einer Straße (Stadthausstraße), die noch 1880 im Volksmund »Judengasse« hieß[375] und in unmittelbarer Nähe einer mittelalterlichen Synagoge sowie inmitten des damaligen Judenviertels lag, das von der Betzels-Straße im Süden bis zum Flachsmarkt im Norden reichte (vgl. Abb. 1)[376]. Die Vermutung von L. Falck, daß sich der Schatz in den Händen eines Mainzer Juden befunden haben dürfte, der bei dem Pogrom des Jahres 1096, dem fast die gesamte Mainzer Judengemeinde zum Opfer fiel, ums Leben gekommen sein könnte[377], erscheint durchaus überzeugend. Sollte dies gar jener Synagogenvorsteher gewesen sein, der, wie berichtet wird, zwei Tage nach seiner Zwangstaufe Haus und Synagoge anzündete[378] und darin mit seiner ganzen Familie verbrannt ist? O. von Falke glaubte seinerzeit, daß Anno von Köln, der im Jahre 1062 den unmündigen Heinrich IV. entführte, das Geschmeide – ebenso wie große Teile des salischen Hausgutes – veruntreut haben

374 F. Schneider, Mainz. Bonner Jahrb. 69, 1880, 115. – von Falke (Anm. 367) 1.

375 Ch. de Linas, Émaillerie, métallurgie, toreutique, céramique (1881) 128.

376 L. Falck, Mainz im frühen und hohen Mittelalter (1972) 118. – S. Salfeld, Zur Geschichte der Mainzer Synagogen. Mainzer Zeitschr. 3, 1908, 106 ff.

377 Falck (Anm. 376) 104. – Ders., Glanz und Elend der mittelalterlichen Judengemeinde. In: Juden in Mainz. Kat. Mainz (1978) 26.

378 Falck (Anm. 377) 26. – G. Meyer von Knonau, Jahrbücher des Deutschen Reiches unter Heinrich IV. und Heinrich V. Bd. 4 (1903) 502.

Abb. 89 Rekonstruktion des Ornats (1) und zweier Schmuckensembles (2–3) der Kaiserin Agnes.

könnte[379]. Das erscheint freilich ebensowenig wahrscheinlich wie die Annahme, daß Kaiserin Agnes ihren eigenen Schmuck bei einem Juden verpfändet hätte. Vorstellbar wäre das schon eher bei ihrem Sohn, Kaiser Heinrich IV., der wegen seiner zahlreichen Kriegszüge ständig Geld benötigte und sich fast alljährlich in Mainz aufgehalten hat. In diesem Fall müßte der Schmuck seiner Mutter Agnes, die nach ihrem Thronverzicht 1062 überwiegend in Italien lebte und dort 1077 in einem Nonnenkloster verstorben ist[380], schon ziemlich früh in seine Hände gelangt sein. Als geeigneter Zeitpunkt dafür käme die Heirat Heinrichs IV. mit Bertha im Jahre 1066 in Betracht. Bekanntlich war Bertha schon als junges Mädchen aus Italien an den deutschen Kaiserhof gekommen und gemeinsam mit den Töchtern der Kaiserin Agnes erzogen worden[381]. Da Agnes 1062 nicht nur auf den Thron verzichtet, sondern auch der Welt entsagt hat[382], wäre es durchaus verständlich, wenn sie damals ihrer Zieh- und Schwiegertochter den Schmuck, den sie selbst nicht mehr benötigte, zur Hochzeit und Krönung übergeben hätte. Kaiserin Bertha wiederum starb 1087 in Mainz, wo sie auch zunächst beerdigt wurde; später überführte man ihren Leichnam nach Speyer[383].

In dieser Zeit rüstete Kaiser Heinrich IV. für seinen dritten Romfeldzug, den er 1090 begann. Angesichts seiner überaus problematischen politischen und finanziellen Situation könnte er durchaus den von Bertha hinterlassenen Schmuck seiner Mutter Agnes einem reichen Juden verpfändet[384] haben. Da Heinrich IV. erst 1097 wieder aus Italien nach Deutschland zurückkehrte – also ein Jahr nach dem Massaker an den Mainzer Juden[385] –, waren nicht nur der Pfandleiher, sondern vielleicht auch jene Vertrauten Heinrichs IV., die den Verbleib der Juwelen gekannt hatten, schon nicht mehr am Leben. Selbst wenn er es gewollt hätte, wäre es dem Kaiser also nicht mehr möglich gewesen, das Geschmeide seiner Mutter wieder einzulösen. Dies ist natürlich nur eine von mehreren denkbaren Erklärungen dafür, aus welchen Gründen der Schmuck der Kaiserin Agnes während des späten 11. Jahrhunderts in Mainz versteckt worden sein könnte.

Auch ohne genaue Kenntnis seiner Geschichte besitzt der wiederentdeckte Schatz für uns einen großen kulturhistorischen Wert. Ebenso wie die Krönungsinsignien der deutschen Könige und Kaiser in der Schatzkammer der Wiener Hofburg vermitteln die Juwelen – trotz der im Zweiten Weltkrieg erlittenen Beschädigungen – noch heute einen lebendigen Eindruck von der Prachtentfaltung am deutschen Kaiserhof zur Zeit Heinrichs III., des mächtigsten aller Herrscher aus salischem Hause. Die Fundstücke bezeugen, daß der Kaiserin – ihrem hohen Rang gemäß – natürlich mehrere Schmuckgarnituren für unterschiedliche Gelegenheiten zur Verfügung standen (Abb. 89). Ihr prunkvoller Ornat, den sie zur Krönung, aber vielleicht auch zur Hochzeit und bei anderen glanzvollen Festen anlegte, bestand nach byzantinischem Vorbild aus einem Juwelenkragen (Maniakion) und einem Brustbehang (Loros). Leider blieb die zugehörige Krone nicht erhalten. Darüber hinaus besaß die Kaiserin mindestens acht Fibeln unterschiedlicher Form und Größe, darunter allerdings auch Paare, mit denen sie den Halsausschnitt des Kleides und den Mantel verschließen konnte, sowie passende Ohrringe und eine Fülle goldener Fingerringe.

Mehrere ihrer Schmuckstücke, nicht zuletzt der Ornat, sind offensichtlich von italienischen oder byzantinischen Goldschmieden hergestellt worden. Deren Arbeiten kann man vor allem an den sehr zerbrechlichen, aufgefädelten Perlrändern leicht erkennen. Die kaiserlichen Juwelen bezeugen aber nicht

379 von Falke (Anm. 369) 31.
380 M. L. Bulst-Thiele, Kaiserin Agnes (1933) 78 ff.
381 G. Meyer von Knonau, Jahrbücher des Deutschen Reiches unter Heinrich IV. und Heinrich V. Bd. 1: 1056 bis 1069 (1890) 525.
382 Bulst-Thiele (Anm. 380) 78.
383 Für den freundlichen Hinweis möchte ich Herrn H. Grafen, Mainz, recht herzlich danken. – Vgl. G. Meyer von Knonau, Jahrbücher des Deutschen Reiches unter Heinrich IV. und Heinrich V. Bd. 4: 1085–1096 (1903). – H. E. Kubach u. W. Haas, Der Dom zu Speyer (1972) 29 und 946.
384 Falck (Anm. 376) 104.
385 Falck (Anm. 376) 127. – S. Schiffmann, Heinrich IV. und die Bischöfe in ihrem Verhalten zu den deutschen Juden zur Zeit des ersten Kreuzzuges. Phil. Diss. Berlin (1931) 13. – E. Kilian, Das Itinerar Heinrichs IV. (1885) 121.

nur die Meisterschaft der südländischen und der deutschen Goldschmiede des mittleren 11. Jahrhunderts, von denen einige vermutlich in Mainz ansässig waren. Vielmehr geben diese gut datierbaren Schmuckstücke auch konkrete Hinweise auf das Alter vergleichbarer Werke der Goldschmiedekunst, deren Entstehungszeit bisher noch umstritten ist. Dies gilt insbesondere für die Reichskrone mit dem Bügel Kaiser Konrads II. (Abb. 85)[386], deren acht Platten offenbar ebensowenig in ottonischer Zeit entstanden sind[387] wie die älteren Teile des Mainzer Schatzes der Kaiserin Agnes.

386 H. Fillitz, Die Schatzkammer in Wien, Symbole abendländischen Kaisertums (1986) 165f. Taf. 1–4. – G. J. Kugler, Die Reichskrone (2. Aufl. 1986).

387 Dazu ausführlich M. Schulze-Dörrlamm, Die Kaiserkrone Konrads II. (1990).

Taf. 7 Schmuckstücke aus dem Mainzer Schatz der Kaiserin Agnes. – 1–2 Ohrringpaar (Kat. Nr. 1–2). – 3–4 Vorder- und Rückseite eines beidseitig verzierten Ohrrings (Kat. Nr. 3). – 4 Buckelfibel mit aufgefädeltem Perlrand (Kat. Nr. 10). – 5 Münzfingerring (Kat. Nr. 13). – 6 Fingerring mit durchbrochener Rankenornamentik (Kat. Nr. 17). – 7 Goldener Steigbügelring (Kat. Nr. 20). – 8 Emaillierter Steigbügelring (Kat. Nr. 21). – 9 Fingerring mit Reliefs von Vogelpaaren (Kat. Nr. 17). 1–7.9 Kunstgewerbemuseum Berlin, Schloß Köpenick; 8 Kunstgewerbemuseum Berlin, Staatl. Museen Preuß. Kulturbesitz. – M = 1:1. ▷

1

2

3a

3b

4

5

6

7

8

9

1

2

3

4

5

Taf. 8 Goldfibeln aus dem Mainzer Schatz der Kaiserin Agnes. – 1 Buckelfibel mit Trommelkranz (Kat. Nr. 9). – 2 Kegelfibel mit Trommelkranz (Kat. Nr. 7). – 3 kleine Kegelfibel mit Trommelkranz (Kat. Nr. 8). – 4–5 Kegelfibelpaar mit Trommelkranz (Kat. Nr. 5–6). – Kunstgewerbemuseum Berlin, Schloß Köpenick. – M = ca. 1:1.

1

2

Taf. 9 Zwei durchbrochene Goldscheibenfibeln aus dem Mainzer Schatz der Kaiserin Agnes. – 1 Große Adler-Pfauenfibel (Kat. Nr. 11). – Landesmuseum Mainz. – 2 Kleine Adler-Pfauenfibel (Kat. Nr. 12). – Kunstgewerbemuseum Berlin, Schloß Köpenick. – M = ca. 1:1.

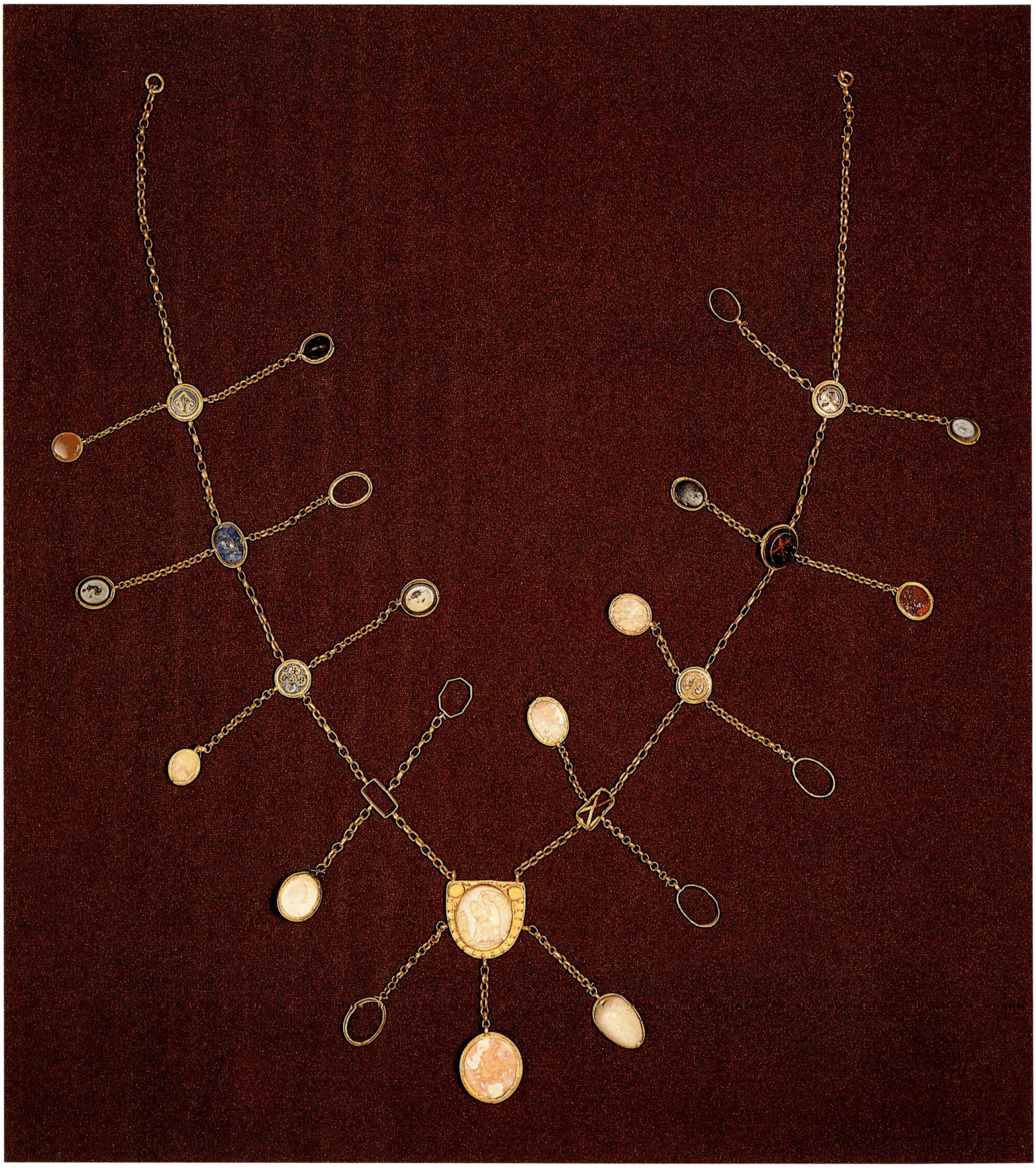

Taf. 10 Goldener Juwelenkragen (Maniakion) aus dem Mainzer Schatz der Kaiserin Agnes (Kat. Nr. 24). – Kunstgewerbemuseum Berlin, Schloß Köpenick. – M = 1:2.

Taf. 11 Goldener Brustschmuck (Loros) aus dem Mainzer Schatz der Kaiserin Agnes (Kat. Nr. 25). – Kunstgewerbemuseum Berlin, Schloß Köpenick. – M = 1:2. ▷

1

2

Taf. 12 1 Seitenansichten der ungleichen Kegelfibeln mit Trommelkranz; links (Kat. Nr. 7), rechts (Kat. Nr. 8). – 2 Seitenansichten des Kegelfibelpaares mit Trommelkranz (Kat. Nr. 5–6). – Kunstgewerbemuseum Berlin, Schloß Köpenick.

1

2

3

Taf. 13 1 Schrägansicht der Buckelfibel im Trommelkranz (Kat. Nr. 9). – 2 Seitenansicht der Buckelfibel mit aufgefädeltem Perlrand (Kat. Nr. 10). – 3 Schrägansicht des emaillierten Steigbügelrings (Kat. Nr. 21). – Kunstgewerbemuseum Berlin, Schloß Köpenick und Kunstgewerbemuseum Berlin (-West).

1

2

Taf. 14 1 Schrägansicht von vier Goldfingerringen (Kat. Nr. 13,17,18,20). – 2 Detail des Brustschmuckes, »Loros« (Kat. Nr. 25). – Kunstgewerbemuseum Berlin, Schloß Köpenick.

FUNDKATALOG

Nr. 1–4 Ohrringe
Nr. 5–12 Fibeln
Nr. 13–21 Fingerringe
Nr. 22–23 Stecknadeln
Nr. 24–25 Juwelenkragen und Brustbehang

1–2 Ohrringpaar (Taf. 7,1–2; Abb. 2,1–2)

Gold, Almandine, Halbedelsteine, Perlen, Filigran. – Br. 4,6 cm, H. 5,4–5,5 cm.

Berlin-Köpenick, Kunstgewerbemuseum Schloß Köpenick, Inv.-Nr. 61,47.

Die beiden Ohrringe haben die Gestalt eines dicken Halbmondes mit einziehenden Spitzen, welche von dicken Halbkugeln betont werden und in zwei Drahtösen enden, in die der Tragbügel aus Golddraht lose eingehakt ist. In der inneren Biegung der Mondsichel sitzt ein scheibenförmiger Einsatz mit einer Perle in der Mitte, die von einem Kreis aus einzelnen Goldkugeln und aus aufgefädelten Perlen (fehlten schon bei der Auffindung) umringt wird.
Das podestartig erhöhte Mittelfeld der Schauseite zieren ein geschliffener ovaler Almandin in dreifingerigen Goldkrallen, zwei mugelige weißliche Quarze in Schlaufenfassung sowie acht Perlen und zwei hohle Goldblechbuckel mit aufgelegten Dreibeinen. »Genietete« Filigrandrahtpalmetten bedecken die Halbkugeln auf den Sichelspitzen. Auf dem schmalen, tieferliegenden Rand des Halbmondes wechseln Perlen, tropfenförmige Edelsteine und Goldblechröhrchen mit kleiner Goldkugel einander ab.
Die Rückseite mit ausgeschnittenem Mittelfeld ist von Filigrandrähten umrandet und mit Filigranranken verziert, welche bei einem Exemplar durch eine antike Reparatur beschädigt wurden.
Im Zweiten Weltkrieg gingen viele Perlen, einige Edelsteine und beide Drahtbügel verloren. Letztere wuren bei der Restaurierung ersetzt.

Literatur: O. von Falke, Der Mainzer Goldschmuck der Kaiserin Gisela (1913) 16 Taf. 4,5. – M. Rosenberg, Geschichte der Goldschmiedekunst auf technischer Grundlage. Granulation (1918) 142 Abb. 252–253. – G. Gruschke-Eichendorff, Die Restaurierung des Gisela-Schmuckes. Neue Museumskunde 13, 1970, 128 Abb. 3a–b. – E. Steingräber, Alter Schmuck (1956) 24 Abb. 7. – Weltschätze der Kunst – der Menschheit bewahrt. Kat. Berlin (1985) 128 Abb. 80–81.

Datierung: drittes Viertel des 11. Jahrhunderts.

3–4 Ohrringpaar (Taf. 7,3; Abb. 2,3–4)

Gold, Almandin, Halbedelsteine, Gemme, Perlen, Zellenschmelz, Filigran, Granulation. – Br. 3,8 cm.

Berlin-Köpenick, Kunstgewerbemuseum Schloß Köpenick, Inv.-Nr. 61,56.

Die auf beiden Seiten unterschiedlich verzierten Ohrringe haben die Gestalt eines dicken Halbmondes mit stark einziehenden Spitzen, an denen je eine Hohlkugel aus Drahtranken mit einer Ringöse sitzt, in die einst der Tragbügel lose eingehängt war. Beide Bügel fehlten schon bei der Auffindung. Die Drahtkugeln waren bei einem Exemplar nach außen gebogen worden. Den Außenrand des Halbmondes umzog ein Band aus Einzelperlen (bei der Auffindung nicht mehr vorhanden) zwischen gerippten

Goldblechösen. In der inneren Biegung der Mondsichel befindet sich ein dreieckiger, durchbrochen gearbeiteter Einsatz mit je einer kleinen Perle in den drei Ecken und mit angelöteten Kugelpyramiden am Rand. In der Mitte sitzt bei dem einen Exemplar eine große, von einem Wellenband umringte Perle und bei dem anderen ein ovaler Almandin in leicht gezähnter Zargenfassung.
Mit Filigrandrahtranken, Filigrandrahtkegeln sowie Perlen, Gemmen und Halbedelsteinen in gezähnten Zargenfassungen ist die eine Seite des Halbmondes verziert. Die andere, von einem Wellenband aus Goldblech umzogene Seite trägt eine flächendeckende Zellenschmelzeinlage, die mit drei Kreispalmetten verziert ist: drei rote Palmetten auf opak weißem Hintergrund in grünen und blauen Kreisen, welche durch rote Punkte voneinander getrennt sind.
Im Zweiten Weltkrieg gingen einige Perlen verloren, wurde das Email beschädigt und ein Ohrring – bis auf die ehemals emaillierte Platte – völlig zerstört.

Literatur: O. von Falke, Der Mainzer Goldschmuck der Kaiserin Gisela (1913) 26 Taf. 8,22. – M. Rosenberg, Geschichte der Goldschmiedekunst auf technischer Grundlage (1918) 98 Abb. 176. – P. E. Schramm u. F. Mütherich, Denkmale der deutschen Könige und Kaiser (1962) Nr. 144 Taf. 370. – K. Flügel-Lindenlaub, Der Mainzer Goldschmuck, genannt »Giselaschmuck«. In: Metall im Kunsthandwerk. Kat. Berlin (1967) 63. – G. Gruschke-Eichendorff, Die Restaurierung des Gisela-Schmuckes. Neue Museumskunde 13, 1970, 134 Nr. 22. – J. Wolters, Die Granulation (1983) Abb. 248. – Weltschätze der Kunst – der Menschheit bewahrt. Kat. Berlin (1985) 128 Abb. 82. – M. Brandt, »... und geziehret mit Edelgesteinen«. Zur großen Madonna im Hildesheimer Domschatz. In: Bernwardinische Kunst (1988) 208 Abb. 25.

Datierung: zweites Drittel des 11. Jahrhunderts.

5–6 Kegelfibelpaar mit Trommelkranz (Taf. 8,4–5; 12,2; Abb. 10,1–2).

Gold, Saphir, Amethyst, Perlen, Filigran, Granulation. – Dm. 4,8 cm, H. 3,3 cm.

Berlin-Köpenick, Kunstgewerbemuseum Schloß Köpenick, Inv.-Nr. 61,50–51.

Zwei steilwandige Kegelfibeln aus durchbrochenem Goldblech mit abgetreppter Spitze, einem schmalen Kranz aus 32 kleinen Randtrommeln, ohne Bodenplatte und mit einer Halterung aus gewelltem Goldblech am oberen Fibelrand.
Die kegelige Fibelwand ruht auf einem Sockel aus zweizeiligen Achterschlaufen aus Filigrandraht und einem darüberliegenden Bering aus zahlreichen kleinen Goldkugeln. Sie wird gegliedert durch rautenförmige Bänder mit querstehenden Goldblechösen, zwischen denen einst aufgefädelte Perlen saßen (schon bei der Auffindung nicht mehr vorhanden). In der Mitte der rautenförmigen und mit Filigranranken bedeckten Felder und in den Schnittpunkten der Bahnen sitzen auf Golddraht aufgesteckte dicke Einzelperlen in einem offenen Perldrahtring. Ein Kreis aus einzelnen Goldkugeln umzieht einen schmalen Absatz, auf dem einst ein Ring aus aufgefädelten Perlen lag (schon bei der Auffindung nicht mehr vorhanden). Darüber erhebt sich auf einem Sockel aus Achterschlaufen das oberste, fein granulierte Plateau mit einem ovalen mugeligen Saphir beziehungsweise Amethyst, der von dreifingerigen Krallen gehalten wird.
Die 32 kleinen Trommeln des abgesetzten Randes enthalten Böden aus Goldblech und trugen einst Perlen, die aber schon bei der Auffindung fehlten. Durch Hitzeeinwirkung gingen die wenigen erhaltenen Perlen bei Kriegsende verloren.

Literatur: O. von Falke, Der Mainzer Goldschmuck der Kaiserin Gisela (1913) 23 ff. Taf. 7,17. – M. Rosenberg, Geschichte der Goldschmiedekunst auf technischer Grundlage. Granulation (1918) 145 Abb. 258–259. 263. – P. E. Schramm u. F. Mütherich, Denkmale der deutschen Könige und Kaiser (1962) Nr. 144 Taf. 371. – B. Gruschke-Eichendorff, Die Restaurierung des Gisela-Schmuckes. Neue Museumskunde 13, 1970, 133 Abb. 10–11. – H. Westermann-Angerhausen, Ein ottonisches Schmuckstück aus dem Rheinland in Schleswig. Beitr. Schleswiger Stadtgesch. 22, 1977, 11 Abb. 5. – Dies., Ottonischer Fibelschmuck, neue Funde und Überlegungen. Jewellery studies 1, 1983–1984, 22.36 Abb. 6. – J. Wolters, Die Granulation (1983) Abb. 253. – M. Brandt, »... und geziehret mit Edelgesteinen«. Zur großen Madonna im Hildesheimer Domschatz. In: Bernwardinische Kunst (1988) 208 f. Abb. 26.

Datierung: zweites Drittel des 11. Jahrhunderts.

7 Kegelfibel mit Trommelkranz (Taf. 8,2; 12,1; Abb. 10,3).

Gold, Saphir, Edelsteine, Glasfluß, Perlen, Filigran, Granulation. – Dm. 4,6 cm, H. 3,5 cm.

Berlin-Köpenick, Kunstgewerbemuseum Schloß Köpenick, Inv.-Nr. 61,52.

Steilwandige, abgetreppte Kegelfibel aus durchbrochenem Goldblech mit einem schmalen, abgesetzten Rand aus 28 Trommeln, ohne Bodenplatte, mit einer Halterung aus gewelltem Goldblech am oberen Fibelrand.
Ein Sockel aus zweizeiligen Achterschlaufen und einer darüberliegenden Arkade aus Filigrandraht trägt einen Kranz aus freistehenden Goldkugeln, der die untere Wandzone aus ausgeschnittenem Goldblech mit aufgelöteten, »genieteten« Filigranranken trägt. In dieser Zone des Kegels wechseln Perlen in Zargenfassung mit acht ovalen »Edelsteinen« (erhalten sind ein Almandin, vier Quarze, ein verbrannter Glasfluß) in Schlaufenfassung einander ab. Über dieser Zone erhebt sich ein senkrechter Sockel aus Achterschlaufen, der eine Schräge aus granulierten Dreiecken stützt. Diese trugen einen Ring aus aufgefädelten Perlen (bei der Auffindung bereits verloren) und einen länglichen, durchbohrten mugeligen Saphir in einer Fassung aus zehn Kleeblättern aus Filigrandraht.
In den Randtrommeln aus zweizeiligen Achterschlaufen saßen einst einzelne Perlen, die durch hochstehende, gerippte Goldblechösen voneinander getrennt wurden. Fast alle Perlen waren bereits bei der Auffindung 1880 nicht mehr vorhanden.
Durch Hitzeeinwirkung bei Kriegsende gingen die restlichen Perlen sowie einige »Edelsteineinlagen« verloren.

Literatur: O. von Falke, Der Mainzer Goldschmuck der Kaiserin Gisela (1913) 25 Taf. 7,18. – M. Rosenberg, Geschichte der Goldschmiedekunst auf technischer Grundlage. Granulation (1918) 145 Abb. 261 und 265. – E. A. Mayer, Zur Geschichte des hochmittelalterlichen Schmucks. In: Das 7. Jahrzehnt. Festschr. A. Goldschmidt (1935) 22 Abb. 10–11. – G. Gruschke-Eichendorff, Die Restaurierung des Gisela-Schmuckes. Neue Museumskunde 13, 1970, 133 Abb. 12. – H. Westermann-Angerhausen, Ein ottonisches Schmuckstück aus dem Rheinland in Schleswig. Beitr. Schleswiger Stadtgesch. 22, 1977, 11 ff. Abb. 6. – K. Flügel, Einige Bemerkungen zum sogenannten »Giselaschmuck«. Forschungen und Berichte Staatl. Museen Berlin 23, 1983, 14 f. Abb. 12. – H. Westermann-Angerhausen, Die Mindener Goldfibel. Westfalen 61, 1983, 102 Abb. 88. – Dies., Ottonischer Fibelschmuck, neue Funde und Überlegungen. Jewellery studies 1, 1983–1984, 22.36 Abb. 7. – Weltschätze der Kunst – der Menschheit bewahrt. Kat. Berlin (1985) 127 f. Abb. 79. – H. Westermann-Angerhausen, Die Mindener Goldfibel. In: Ausgrabungen in Minden. Kat. Minden (1987) 186 Abb. 96.

Datierung: drittes Viertel des 11. Jahrhunderts.

8 Kleine Kegelfibel mit Trommelkranz (Taf. 8,3; 12,1; Abb. 10,4).

Gold, Saphir, Perlen, Filigran, Granulation. – Dm. 4 cm, H. 3 cm.

Berlin-Köpenick, Kunstgewerbemuseum Schloß Köpenick, Inv.-Nr. 61,53.

Ovale Kegelfibel aus durchbrochenem Goldblech mit getreppter Spitze, einem Kranz aus 33 Trommeln, ohne Bodenplatte, mit einer Halterung aus geripptem Goldblech am oberen Fibelrand.
Über dem Sockel, gebildet von zweizeiligen Achterschlaufen aus Filigrandraht, erheben sich granulierte Dreiecke als unterste Zone des Kegels. Sie tragen einen flächig granulierten Wandstreifen mit acht eingesetzten dicken Perlen. Über diesem befindet sich ein kleiner Absatz, auf dem einst ein Ring aufgefädelter Perlen lag, der schon bei der Auffindung fehlte. Er umgab die hohe Zargenfassung des Saphirs, welche in der Mitte von dicht gestellten Goldkugeln umringt ist. Der langovale mugelige Saphir auf der Kegelspitze wird von vier auf dem Kopf stehenden, dreifingerigen Krallen gehalten.
In den 16 Randtrommeln aus einfachen Achterschlaufen saßen ursprünglich Einzelperlen, die durch hochstehende, glatte Goldblechösen voneinander getrennt gewesen sind und bei der Entdeckung schon nicht mehr vorhanden waren. Der erhaltene Perlenschmuck wurde bei Kriegsende durch Hitzeeinwirkung zerstört.

Literatur: O. von Falke, Der Mainzer Goldschmuck der Kaiserin Gisela (1913) 25 Taf. 7,19. – M. Rosenberg, Geschichte der Goldschmiedekunst auf technischer Grundlage. Granulation (1918) 145 Abb. 260 und 264. – G. Gruschke-Eichendorff, Die Restaurierung des Gisela-Schmuckes. Neue Museumskunde 13, 1970, 133 Abb. 13. – H. Westermann-Angerhausen, Ottonischer Schmuck, neue Funde und Überlegungen. Jewellery studies 1, 1983–1984, 36. – Weltschätze der Kunst – der Menschheit bewahrt. Kat. Berlin (1985) 127 Abb. 78.

Datierung: zweites Drittel des 11. Jahrhunderts.

9 Buckelfibel mit Trommelkranz (Taf. 8,1; 13,1; Abb. 20).

Gold, Perlen, Glasflüsse, Edelsteine (Amethyste, Smaragde, Türkise, Chrysopase, Bergkristalle), Filigran und Zellenschmelz. – Dm. 8,5 cm, H. 4,5 cm.

Berlin-Köpenick, Kunstgewerbemuseum Schloß Köpenick, Inv.-Nr. 61,48.

Große Buckelfibel mit einem schmalen Kranz aus 16 großen und 16 kleinen Randtrommeln, ohne Bodenplatte, mit einer Halterung am rückwärtigen oberen Fibelrand.
Der Fibelbuckel aus durchbrochenem, mit aufgelöteten Filigranranken bedecktem Goldblech ruht auf einem Sockel aus zweizeiligen Achterschlaufen und einer Filigrandrahtarkade. In seiner unteren Zone sitzen abwechselnd vier rechteckige Smaragde und vier runde, mugelige Chrysopase in Schlaufenfassungen. Überspannt wird sie von einem auf Achterschlaufen liegenden sternförmigen Zelt, dessen acht Zipfel durch Perlen und Edelsteine am Buckelrand »befestigt« sind. Diese mugeligen Einlagen sitzen – ebenso wie die tropfenförmigen Edelsteine des Zeltdaches – in leicht gezähnten Zargenfassungen. Als Kuppelabschluß dient eine gewölbte Scheibe mit Zellenemails in hoher, leicht gezähnter Zargenfassung, die einst von aufgefädelten Perlen umringt gewesen war (diese waren schon bei der Auffindung nicht mehr vorhanden). Das Email besteht aus einem Kranz aus zehn blauen, dreiblättrigen Kreispalmetten auf abwechselnd rotem und weißem Hintergrund, deren Mittelblatt entweder gelb oder rot gefärbt ist. Im Scheitelpunkt der Fibel sitzt ein von einem Wellenband aus Goldblech umringter blauer Glasfluß in vier lilienförmigen Filigrandrahtfassungen.
Die Wände der 32 Randtrommeln werden von zweizeiligen Achterschlaufen aus Filigrandraht gebildet. Auf acht der 16 großen Trommeln sitzt eine halbkugelige Kuppel aus Filigranranken, bekrönt von einer Perle in Zargenfassung. Zwischen ihnen befindet sich je eine große Trommel mit einem mugeligen Amethysten oder Bergkristall in lilienförmigen Filigrandrahtfassungen. Die 16 kleinen Randtrommeln enthalten dagegen mugelige Türkise. In den Zwickeln zwischen den großen Trommeln und dem Mittelbuckel steht je ein Dreibein aus goldenem Filigrandraht, das eine Perle in Zargenfassung trägt. Durch Hitzeeinwirkung gingen die meisten Perlen verloren, einige Steineinlagen veränderten die Farbe oder wurden beschädigt.

Literatur: O. von Falke, Der Mainzer Goldschmuck der Kaiserin Gisela (1913) 23 ff. Abb. 18–19 Taf. 6,15. – P. Metz, Das Kunstgewerbe von der Karolingerzeit bis zum Beginn der Gotik. In: H. Th. Bossert, Geschichte des Kunstgewerbes 5 (1932) 227 ff. – E. A. Meyer, Zur Geschichte des hochmittelalterlichen Schmuckes. In: Das 7. Jahrzehnt. Festschr. A. Goldschmidt (1935) 19 ff. Taf. 6,1–2. – E. Medding-Alp, Rheinische Goldschmiedekunst in ottonischer Zeit (1952) Abb. 46. – H. Decker-Hauff, Die »Reichskrone«, angefertigt für Kaiser Otto I. In: P. E. Schramm, Herrschaftszeichen und Staatssymbolik (1955) 591 f. – E. Steingräber, Alter Schmuck (1956) 23 Abb. 6. – P. E. Schramm u. F. Mütherich, Denkmale der deutschen Könige und Kaiser (1962) Nr. 144 Taf. 371. – K. Flügel-Lindenlaub, Der Mainzer Goldschmuck, genannt »Giselaschmuck«. In: Metall im Kunsthandwerk. Kat. Berlin (1967) 63 f. – G. Gruschke-Eichendorff, Die Restaurierung des Gisela-Schmuckes. Neue Museumskunde 13, 1970, 128 ff. Abb. 7–8. – G. Schade, Deutsche Goldschmiedekunst (1974) 63 ff. Farbtaf. II. – H. Westermann-Angerhausen, Ein ottonisches Schmuckstück aus dem Rheinland in Schleswig. Beitr. Schleswiger Stadtgesch. 22, 1977, 10 f. Abb. 4. – K. Flügel, Einige Bemerkungen zum sogenannten »Giselaschmuck«. Forschungen und Berichte Staatl. Museen Berlin 23, 1983, 12 ff. Taf. 2,6. – H. Westermann-Angerhausen, Ottonischer Fibelschmuck, neue Funde und Überlegungen. Jewellery studies 1, 1983–1984, 22 ff. Abb. 6 und 9. – K. Flügel, Schatzkunst des Mittelalters (1985) 8 Taf. 1. – M. Brandt, »... und geziehret mit Edelgesteinen«. Zur Großen Madonna im Hildesheimer Domschatz. In: Bernwardinische Kunst (1988) 208 f. Abb. 24.

Datierung: zweites Drittel des 11. Jahrhunderts.

10 Buckelfibel mit Perlrand (Taf. 7,4; 13,2; Abb. 27).

Gold, Perlen, Glasflüsse, Zellenschmelz, Granulation. – Dm. 2,5 cm, H. 1,5 cm.

Berlin-Köpenick, Kunstgewerbemuseum Schloß Köpenick, Inv.-Nr. 61,49.

Buckelfibel mit aufgefädeltem Perlrand ohne Bodenplatte, mit einer am oberen rückwärtigen Fibelrand befestigten Haltevorrichtung.
Der aus Goldblechstreifen aufgebaute Fibelbuckel besitzt einen niedrigen Sockel in Form eines senkrechten, unverzierten Goldblechstreifens, vor dem einst ein Band aus aufgefädelten Perlen zwischen vorspringenden Goldblechösen verlief (die meisten Perlen waren schon bei der Auffindung nicht mehr vorhanden). Bei der untersten Zone des Fibelbuckels handelt es sich um einen schmalen granulierten Streifen, der mit acht ovalen Glasflüssen in leicht gezähnten Zargenfassungen verziert ist. Ein kleiner Absatz, in dem ursprünglich ein Ring aus aufgefädelten Perlen lag, trennt die untere Zone vom oberen Teil des Buckels, der von einem gewölbten Zellenemailring in gezähnter Zargenfassung gebildet wird. Das Zellenemail zeigt ein gleicharmiges Kreuz in getreppten Stegen aus transparentem, grünem Email auf dunkelblauem Hintergrund mit opak-weißen, dreieckigen Einlagen. Den Scheitelpunkt ziert eine von einem Wellenband aus Goldblech umringte Perle in einer Zargenfassung, welche durch das Goldblech der Fibelkuppel hindurchgestoßen worden ist.
Durch Hitzeeinwirkung bei Kriegsende wurden die große Perle in der Mitte sowie die meisten Glasflüsse zerstört.

Literatur: O. von Falke, Der Mainzer Goldschmuck der Kaiserin Gisela (1913) 24 Taf. 6,16. – M. Rosenberg, Geschichte der Goldschmiedekunst auf technischer Grundlage. Granulation (1918) 147 Abb. 262 und 266. – G. Gruschke-Eichendorff, Die Restaurierung des Gisela-Schmuckes. Neue Museumskunde 13, 1970, 133 Abb. 9. – K. Flügel, Einige Bemerkungen zum sogenannten »Giselaschmuck«. Forschungen und Berichte Staatl. Museen Berlin 23, 1983, 14 Abb. 11. – H. Westermann-Angerhausen, Ottonischer Fibelschmuck, neue Funde und Überlegungen. Jewellery studies 1, 1983–1984, 22 Abb. 8.

Datierung: zweites Drittel des 11. Jahrhunderts.

11 Adler-Pfauenfibel (Taf. 9,1; Abb. 32).

Gold, Saphire, Zellenschmelz, Perldraht. – Dm. 9,3–9,7 cm.

Landesmuseum Mainz, Inv.-Nr. O.1793.

Durchbrochene Scheibenfibel in Gestalt eines pfauenähnlichen, heraldischen Adlers in Frontalansicht mit nach links gewendetem Kopf, ausgebreiteten Flügeln, gespreizten Fängen und Schwanzfedern, aus denen ein stilisiertes Pfauenrad herauswächst. Dieses besteht aus axialsymmetrischen Perldrahtranken und je vier weiß-grün emaillierten Pfauenaugen sowie einem umlaufenden Wellenband aus Goldblech. Auf dem Kopf des Adlers sitzt eine Pfauenkrone aus drei mugeligen Saphiren, darüber ein nimbusartiger Perldrahtbogen, der die Enden des Pfauenrades miteinander verbindet.
Die Zellenemails des Kopfes, der Flügel und des Schwanzes sitzen in 1,5 cm hohen Zargenfassungen, die mit zwei umlaufenden Perldrähten verziert und die am Schwanzende mit aufgelöteten, breiten Perldrahtarkaden versehen sind. Der Schnabel des Vogels leuchtet in opakem Gelb, das Gefieder in opakem Weiß und Türkis sowie in durchscheinendem Grün und Blau. Der Vogelleib aus Goldblech trägt ein eingraviertes und fein punziertes Gefieder, während die Fänge mit Perldrähten belegt sind. Seitlich der Flügelansätze befinden sich je zwei kleine Goldröhrchen mit einer Goldperle. Zwischen Vogelleib und Schwanzfedern sitzt ein ovales Medaillon mit grünem und blauem Zellenemail und einer Blüte aus feinem Golddraht in der Mitte. Je ein Blütenstengel aus feinem Golddraht schmückt auch das Zellenemail in der Rundung der beiden Flügel. Die Fibel besitzt einen Boden aus unverziertem Goldblech und eine Haltevorrichtung aus gewelltem Goldblech leicht oberhalb der Mitte.

Literatur: F. Schneider, Mainz. Bonner Jahrb. 69, 1880, 116ff. – Ch. de Linas, Émaillerie, métallurgie, toreutique, céramique (1881) 128f. – W. Velk, Eine emaillierte Goldfibel aus dem 11. Jahrhundert. Zeitschr. Mainzer Altertumsver. 3, 1868–1887, 129ff. – O. von Falke, Der Mainzer Goldschmuck der Kaiserin Gisela (1913) 12ff. Abb. 14. – F. Bock, Die byzantinischen Zellenschmelze der Sammlung Dr. Alexander von Swenigorodskoj und das darüber veröffentlichte Prachtwerk (1896) 384ff. Taf. 29. – P. Th. Kessler, Technische Beobachtungen an der Mainzer Adlerfibel. In: Schumacher Festschrift (1930) 366ff. – P. E. Schramm u. F. Mütherich, Denkmale der deutschen Könige und Kaiser (1962) 169 Nr. 144 Taf. 367. – E. Steingräber, Alter Schmuck (1956) 23f. Abb. 9. – E. Medding-Alp, Rheinische Goldschmiedekunst in ottonischer Zeit (1952) 21f. Abb. 48. – P. Lasko, Ars Sacra 800–1200 (1972) 57 Taf. 52. – H. Fillitz, Das Mittelalter I. Propyläen-Kunstgeschichte 5 (1969) Taf. 100. – W. Selzer, Die Mittelalter-Abteilung. In: Führer durch das Mittelrheinische Landesmuseum Mainz (1980) 63f. Abb. 73.

Datierung: ca. zweites Viertel des 11. Jahrhunderts.

12 Adler-Pfauenfibel (Taf. 9,2; Abb. 33).

Gold, Almandin, Edelsteine (verwittert), Perlen, Zellenschmelz, Niello. – Dm. 7,3–7,0 cm.

Berlin-Köpenick, Kunstgewerbemuseum Schloß Köpenick, Inv.-Nr. 61,46.

Durchbrochene Scheibenfibel in Gestalt eines pfauenähnlichen heraldischen Adlers mit nach rechts gewendetem Kopf, einer Pfauenkrone aus drei Perlen, mit ausgebreiteten Flügeln, gespreizten Fängen und Schwanzfedern, aus denen ein stilisiertes Pfauenrad herauswächst. Dieses besteht aus Goldblech mit 13 rautenförmigen, verwitterten mugeligen Edelsteinen in Zargenfassungen und paarigen Perldrahtringen sowie einem umlaufenden Wellenband aus Goldblech. Der Schnabel ist mit gelblichem Email, der Leib mit graviertem, punziertem und nielliertem Gefieder verziert; auf den Fängen liegen aufgelötete Perldrahtschnüre. Die blauen, roten und grünen Zellenemails der Flügel und des Schwanzes sind teilweise ineinandergelaufen. Zwischen Leib und Schwanzfedern sitzt ein mugeliger ovaler Almandin in Zargenfassung. Die Halterung aus gewelltem Goldblech ist in der Fibelmitte auf der glatten, unverzierten Rückseite aus Goldblech angebracht worden. Infolge der Hitzeeinwirkung bei Kriegsende sind nur noch zwei Edelsteine des Pfauenrades erhalten.

Literatur: E. Bassermann-Jordan, Der Schmuck (1909) 75f. Abb. 89. – O. von Falke, Der Mainzer Goldschmuck der Kaiserin Gisela (1913) 12f. Taf. 4,4. – P. E. Schramm u. F. Mütherich, Denkmale der deutschen Könige und Kaiser (1962) 169 Nr. 144 Taf. 367. – K. Flügel-Lindenlaub, Der Mainzer Goldschmuck, genannt »Giselaschmuck«. In: Metall im Kunsthandwerk. Kat. Berlin (1967) 61. – G. Gruschke-Eichendorff, Die Restaurierung des Gisela-Schmuckes. Neue Museumskunde 13, 1970, 123ff. Abb. 4. – G. Schade, Deutsche Goldschmiedekunst (1974) 63ff. Farbtaf. I. – Weltschätze der Kunst – der Menschheit bewahrt. Kat. Berlin (1985) 127 Abb. 76. – J. Giesler, Ottonischer Emailschmuck. In: J. Hoops, Reallexikon der Germanischen Altertumskunde 7 (1989) 238 Abb. 60a.

Datierung: ca. zweites Viertel des 11. Jahrhunderts.

13 Münzfingerring (Taf. 7,5; 14,1; Abb. 53).

Gold. – H. 2,2 cm, Br. 2,2 cm, Dm. innen 1,7 × 1,9 cm.

Berlin-Köpenick, Kunstgewerbemuseum Schloß Köpenick, Inv.-Nr. 61,58.

Die bandförmige Ringschiene endet in zwei Löwen, die mit dem breiten Maul und den nach vorn gestreckten Tatzen den scheibenförmigen Ringkopf tragen. Dieser besteht aus einer von Perldraht umringten Goldmünze des römischen Kaisers Aurelian (270–275 n. Chr.) mit der Umschrift IMP AVRELIANVS AVG.

Literatur: O. von Falke, Der Mainzer Goldschmuck der Kaiserin Gisela (1913) 18 Taf. 5,9. – H. Battke, Die Ringsammlung des Berliner Schloßmuseums (1938) 65 Taf. 4,43. – K. Flügel-Lindenlaub, Der Mainzer Goldschmuck, genannt »Giselaschmuck«. In: Metall im Kunsthandwerk. Kat. Berlin (1967) 72. – G. Gruschke-Eichendorff, Die Restaurierung des Gisela-Schmuckes. Neue Museumskunde 13, 1970, 128 Abb. 6. – Schätze der Weltkultur – der Menschheit bewahrt. Kat. Berlin (1985) 128 Nr. 83–86.

Datierung: ca. erstes Drittel des 11. Jahrhunderts.

14 »Münz«-Fingerring (Abb. 54).

Gold. – H. 2,3 cm, Br. 2,3 cm, Dm. innen 1,8 × 1,9 cm.

Verschollen.

Die bandförmige Ringschiene endet in zwei Löwen, die mit ihrem Maul und den nach vorn gestreckten Tatzen den scheibenförmigen Ringkopf tragen. In seinem erhöhten Mittelfeld befand sich ein reliefiertes Goldblech, das schon bei der Auffindung sehr stark beschädigt war. Auf der schmalen, tieferliegenden Randzone standen zehn Filigrandrahtkegel und vier Türmchen aus je drei Goldröhrchen mit einer aufgelöteten Kugelpyramide.

Literatur: O. von Falke, Der Mainzer Goldschmuck der Kaiserin Gisela (1913) 17 Taf. 5,8. – H. Battke, Die Ringsammlung des Berliner Schloßmuseums (1938) 65 Taf. 4,44.

Datierung: ca. erstes Drittel des 11. Jahrhundert.

15 »Münz«-Fingerring (Abb. 60).

Gold. – H. 2,5 cm, Br. 2,2 cm, Dm. innen 1,6 × 1,8 cm.

Verschollen.

Die mit einem aufgelöteten Zopf aus Filigrandraht verzierte, bandförmige Ringschiene trägt einen scheibenförmigen Kopf. Dabei handelt es sich um eine von einem Wellenband aus Goldblech umzogene, gegossene und reliefierte Goldplatte. Sie zeigt den nach rechts gewendeten Kopf eines Königs oder Kaisers mit kurzem Bart und einer Krone mit breiten, offenen Zacken (vermutlich Heinrich III.).

Literatur: O. von Falke, Der Mainzer Goldschmuck der Kaiserin Gisela (1913) 17 Taf. 5,7. – H. Battke, Die Ringsammlung des Berliner Schloßmuseums (1938) 65 Taf. 4,42. – J. Deér, Mittelalterliche Frauenkronen. In: P.E. Schramm, Herrschaftszeichen und Staatssymbolik 2 (1955) 430. – P.E. Schramm u. F. Mütherich, Denkmale der deutschen Könige und Kaiser (1962) Nr. 144 Taf. 371. – P.E. Schramm, Die deutschen Könige und Kaiser in den Bildnissen ihrer Zeit, hg. von F. Mütherich (1983) 226 Nr. 140 Abb. 140.

Datierung: zwischen 1039 und 1056.

16 Fingerring (Abb. 62).

Gold. – H. 2,2 cm, Br. 2,1 cm, Dm. innen 1,6 × 1,8 cm.

Verschollen.

Der Fingerring besteht aus dickstabigem, unverziertem Golddraht und hat zusammengebogene, spitz zulaufende Enden.

Literatur: O. von Falke, Der Mainzer Goldschmuck der Kaiserin Gisela (1913) 18 Taf. 5,13.

Datierung: Ende des 10. bis erste Hälfte des 11. Jahrhunderts.

17 Fingerring (Taf. 7,9; 14,1; Abb. 64).

Gold. – H. 2,7 cm, Br. 2,5 cm, Dm. innen 1,8 × 1,9 cm.

Berlin-Köpenick, Kunstgewerbemuseum Schloß Köpenick, Inv.-Nr. 61,61.

Der Fingerring mit anschwellendem Kopfstück besteht aus gepunztem, hohlem Goldblech und ist mit den Reliefs von zwei antithetischen Vogelpaaren in Rankenwerk verziert.

Literatur: O. von Falke, Der Mainzer Goldschmuck der Kaiserin Gisela (1913) 18 Taf. 5,10. – H. Battke, Die Ringsammlung des Berliner Schloßmuseums (1938) Taf. 4,48. – K. Flügel-Lindenlaub, Der Mainzer Goldschmuck, genannt »Giselaschmuck«. In: Metall im Kunsthandwerk. Kat. Berlin (1967) 72. – G. Gruschke-Eichendorff, Die Restaurierung des Gisela-Schmuckes. Neue Museumskunde 13, 1970, 128 Abb. 6. – Schätze der Weltkultur – der Menschheit bewahrt. Kat. Berlin (1985) 128 Nr. 83–86.

Datierung: Mitte bis zweite Hälfte des 11. Jahrhunderts.

18 Fingerring (Taf. 7,6, 14,1; Abb. 66).

Gold mit Amethyst. – H. 2,6 cm, Br. 2,4 cm, Dm. innen 1,8 × 1,9 cm.

Berlin-Köpenick, Kunstgewerbemuseum Schloß Köpenick, Inv.-Nr. 61,60.

Der Goldring trägt einen flachmugeligen, ovalen Amethysten im überhöhten Kopfteil. Seine Schiene aus hohlem Goldblech ist auf beiden Seiten mit je drei durchbrochenen Kreispalmetten sowie mit gravierten Linien verziert.
Durch Hitzeeinwirkung im Zweiten Weltkrieg hat sich der Amethyst weißlich verfärbt.

Literatur: O. von Falke, Der Mainzer Goldschmuck der Kaiserin Gisela (1913) 18 Taf. 5,11. – H. Battke, Die Ringsammlung des Berliner Schloßmuseums (1938) 65 Taf. 4,49. – K. Flügel-Lindenlaub, Der Mainzer Goldschmuck, genannt »Giselaschmuck«. In: Metall im Kunsthandwerk. Kat. Berlin (1967) 72. – G. Gruschke-Eichendorff, Die Restaurierung des Gisela-Schmuckes. Neue Museumskunde 13, 1970, 128 Abb. 6. – Schätze der Weltkultur – der Menschheit bewahrt. Kat. Berlin (1985) 128 Nr. 83–86.

Datierung: vermutlich mittleres Drittel des 11. Jahrhunderts.

19 Fingerring (Abb. 68).

Gold und Saphir. – H. 2,6 cm, Br. 2,4 cm, Dm. innen 1,7 × 1,9 cm.

Verschollen.

Der Ring aus hohlem Goldblech besitzt ein überhöhtes Kopfteil, in das ein ovaler, leicht mugeliger Saphir eingelassen ist. Ihn halten vier auf die Wandung aufgelötete dreifingerige Goldkrallen.

Literatur: O. von Falke, Der Mainzer Goldschmuck der Kaiserin Gisela (1913) 17 Taf. 5,6. – H. Battke, Die Ringsammlung des Berliner Schloßmuseums (1938) 65 Taf. 4,47.

Datierung: ca. zweites Viertel des 11. Jahrhunderts.

20 Steigbügelring (Taf. 7,7; 14,1; Abb. 69).

Gold und Saphir. – H. 3 cm, Br. 2,5 cm, Dm. innen 1,9 × 2,2 cm.

Berlin-Köpenick, Kunstgewerbemuseum Schloß Köpenick, Inv.-Nr. 61,59.

Der hohle, steigbügelförmige Goldring besitzt ein dreieckig überhöhtes Kopfteil mit einem darin eingelassenen runden, halbkugeligen Saphir.

Literatur: O. von Falke, Der Mainzer Goldschmuck der Kaiserin Gisela (1913) 18 Taf. 5,12. – H. Battke, Die Ringsammlung des Berliner Schloßmuseums (1938) 65 Taf. 4,50. – K. Flügel-Lindenlaub, Der Mainzer Goldschmuck, genannt »Giselaschmuck«. In: Metall im Kunsthandwerk. Kat. Berlin (1967) 72. – G. Gruschke-Eichendorff, Die Restaurierung des Gisela-Schmuckes. Neue Museumskunde 13, 1970, 128 Abb. 6. – Schätze der Weltkultur – der Menschheit bewahrt. Kat. Berlin (1985) 128 Nr. 83–86.

Datierung: zweite Hälfte des 11. Jahrhunderts.

21 Steigbügelring (Taf. 7,8; 13,3; Abb. 73).

Gold, Saphir, Zellenschmelz. – H. 3,3 cm, Br. 2,6 cm, Dm. innen 1,9 × 2,0 cm; Gewicht 14,5 g.

Berlin, Staatliche Museen Preußischer Kulturbesitz, Kunstgewerbemuseum, Inv.-Nr. Lg. 124,4.

Der hohle, steigbügelförmige Fingerring trägt im dreieckig überhöhten Kopfteil einen quadratischen, mugeligen Saphir in glatter Zargenfassung. Ein Goldstift füllt die Bohrung des Saphirs aus. Die Oberfläche des Goldrings ist mit einem symmetrischen Rankenornament aus Zellenschmelz in opakem Rot und Weiß auf durchscheinendem Grün und kobaltblauem Grund verziert.

Literatur: O. von Falke, Der Mainzer Goldschmuck der Kaiserin Gisela (1913) 18 Taf. 5,14. – M. Rosenberg, Geschichte der Goldschmiedekunst auf technischer Grundlage. Granulation (1918) 98 Abb. 178. – R. Zahn, Ausstellung von Schmuckarbeiten in Edelmetall aus den Staatlichen Museen zu Berlin. Kat. Berlin (1932) 120. – H. Battke, Die Ringsammlung des Berliner Schloßmuseums (1938) Taf. 4,45. – H. Schlunk, Kunst der Spätantike und des Mittelmeerraumes. Kat. Berlin (1939) Taf. 6,38. – P. E. Schramm u. F. Mütherich, Denkmale der deutschen Könige und Kaiser (2. Aufl. 1981) 486 Nr. 144.

Datierung: zweite Hälfte des 11. Jahrhunderts.

22 Stecknadel (Taf. 1; Abb. 75).

Gold, Silber, Filigran. – Lg. 4,6 cm.

Berlin-Köpenick, Kunstgewerbemuseum Schloß Köpenick, Inv.-Nr. 61,54.

Die Silbernadel besitzt einen eiförmigen Kopf aus hohlem Goldblech, der mit Palmetten aus Filigrandraht verziert ist. Zwischen den beiden Halbkugeln verläuft ein durchbrochenes Band von Achterschlaufen aus Filigrandraht.

Literatur: O. von Falke, Der Mainzer Goldschmuck der Kaiserin Gisela (1913) 26 Taf. 8,20. M. Rosenberg, Geschichte der Goldschmiedekunst auf technischer Grundlage (1910) 103 Abb. 97. – G. Gruschke-Eichendorff, Die Restaurierung des Gisela-Schmuckes. Neue Museumskunde 13, 1970, 133 Nr. 20, Abb. 14. – K. Flügel, Einige Bemerkungen zum sogenannten »Giselaschmuck«. Forschungen und Berichte Staatl. Museen Berlin 23, 1983, 14 Taf. 4,10.

Datierung: zweites Drittel des 11. Jahrhunderts.

23 Stecknadel (Taf. 1; Abb. 75).

Gold, Silber, Perle, Filigran. – Lg. 3,7 cm.

Berlin-Köpenick, Kunstgewerbemuseum Schloß Köpenick, Inv.-Nr. 61,51.

Die Silbernadel besitzt einen eiförmigen Kopf aus hohlem Goldblech, der mit Palmetten aus Filigrandraht verziert ist. Die aufgestiftete Perle ist infolge von Hitzeeinwirkung bei Kriegsende verlorengegangen.

Literatur: O. von Falke, Der Mainzer Goldschmuck der Kaiserin Gisela (1913) 26 Taf. 8,21. – G. Gruschke-Eichendorff, Die Restaurierung des Gisela-Schmuckes. Neue Museumskunde 13, 1970, 133f. Nr. 21 Abb. 14.

Datierung: zweites Drittel des 11. Jahrhunderts.

24 Halsschmuck »Maniakion« (Taf. 10; Abb. 79–81).

Gold, Gemmen, Kamee, Edelsteine (Amethyste, Karneole, Onyxe) und Zellenschmelze (Farben: weiß, rot, grün, hell- und dunkelblau), Filigran. – Gesamtlänge 64,5 cm.

Berlin-Köpenick, Kunstgewerbemuseum Schloß Köpenick, Inv.-Nr. 61,44.

Der Halsschmuck besteht aus zwei gleich langen goldenen Ringketten (Dm. der Ringe 0,3–0,4 cm), die in zwei Ringösen eines Scharnierverschlusses enden, und aus einem schildförmigen Mittelstück sowie insgesamt aus 19 Kettenanhängern. Im vorderen Bereich werden die zwei langen Ringketten in regelmäßigem Abstand von je vier Fassungen unterbrochen. Dabei wechseln runde Medaillons mit Zellenemail-Einlage mit rechteckigen beziehungsweise ovalen Fassungen ab, die Edelsteine oder Gemmen enthalten. An jeder dieser Fassungen sind je zwei Kettchen befestigt, die nach innen beziehungsweise nach außen führen und einen Anhänger mit einer antiken Gemme tragen. Am unteren Rand des Mittelschildes sitzen drei Kettenanhänger, von denen zwei eine Gemme, einer einen Amethysten enthalten.

Das schildförmige Mittelstück (3,0 × 2,7 cm) zeigt auf der Vorderseite eine ovale antike Kamee mit dem Bildnis einer Nike oder einer Fama. Ursprünglich war die Kamee im unteren Bereich von einem Band aufgefädelter Perlen zwischen Goldblechösen umzogen, das aber schon bei der Auffindung fehlte. In den oberen Ecken des Schildes sitzen je eine Perle in Zargenfassung und ein Dreibein aus Filigrandraht sowie kleine Goldkügelchen. Ein achsialsymmetrisches Rankenornament aus Goldfiligrandraht zu seiten eines langen Blütenstengels schmückt die Rückseite des schildförmigen Mittelstückes.

Die Zargenfassungen der Gemmen und Edelsteine sind alle ohne Boden und am Rand leicht gezähnt. Das Kettchen des Anhängers am äußeren linken Kettenende ist dünner als alle anderen und entspricht den Ketten des Brustbehangs.

Infolge der Hitzeeinwirkung bei Kriegsende sind alle Perlen, einige Edelsteine und Gemmen verlorengegangen und nahezu alle Gemmen verfärbt worden. Einige Fassungen mußten ersetzt werden und weichen heute in ihrer Form vom Original ab.

Literatur: O. von Falke, Der Mainzer Goldschmuck der Kaiserin Gisela (1913) 2 ff. Abb. 1 Taf. 2. – H. Decker-Hauff, Die »Reichskrone«, angefertigt für Kaiser Otto I. In: P. E. Schramm, Herrschaftszeichen und Staatssymbolik 2 (1955) 593. – P. E. Schramm u. F. Mütherich, Denkmale der deutschen Könige und Kaiser (1962) Nr. 144 Taf. 368. – K. Flügel-Lindenlaub, Der Mainzer Goldschmuck, genannt »Giselaschmuck«. In: Metall im Kunsthandwerk. Kat. Berlin (1967) 62 f. G. Gruschke-Eichendorff, Die Restaurierung des Gisela-Schmuckes. Neue Museumskunde 13, 1970, 123 f. Abb. 1. – K. Flügel, Einige Bemerkungen zum sogenannten »Giselaschmuck«. Forschungen und Berichte Staatl. Museen Berlin 23, 1983, 12 ff. Taf. 1–3. – Weltschätze der Kunst – der Menschheit bewahrt. Kat. Berlin (1985) 127 Abb. 74.

Datierung: zweites Drittel des 11. Jahrhunderts.

25 Brustschmuck »Loros« (Taf. 11; 14,2; Abb. 83–84).

Gold, antike Gemmen, Perlen, Edelsteine (Amethyst, Karneol, Granat, Smaragd, Topas, Aquamarin), Perldraht, Filigran. – Lg. 34 cm, Br. ohne seitliche Anhänger 10,5 cm.

Berlin-Köpenick, Kunstgewerbemuseum Schloß Köpenick, Inv.-Nr. 61,45.

Der Brustschmuck hat die Form eines rechteckigen Gitternetzes aus fünf senkrechten und sechs waagrechten Ringketten (Dm. 0,2 cm) mit ungleich langen Kettenenden, an denen zwei Ringösen eines Scharnierverschlusses befestigt sind. An den Eckpunkten der 20 Gitterfelder sitzen Gemmen oder Edelsteine in glatten Zargenfassungen, die mit je zwei umlaufenden Perldrähten verziert sind. In der Mitte der oberen Schmalseite eines jeden Feldes befindet sich jeweils eine auf Draht gesteckte Perle in einem offenen Perldrahtring oder in einer Schlaufenfassung. An diesen Perlen und an den äußeren Eckpunkten des Gitters hängt je ein kleines Kettchen mit einer Gemme oder einem Edelstein in Schlaufen- oder glatter Zargenfassung.

Die Mitte der untersten Querkette schmückt ein ganz à jour gearbeiteter dicker Halbmond mit einziehenden Spitzen aus Perldraht, der von einem Band aufgefädelter Einzelperlen zwischen Goldblechösen umzogen ist. Seine Mitte betont ein ovaler, mugeliger Topas in Lilienfassungen aus Filigrandraht, der von Perlen in offenen Perldrahtringen, Perldrahtkegeln sowie runden Smaragden und Amethysten in Krallenfassung umgeben ist. In der inneren Biegung des Halbmondes sitzt eine ungefaßte, auf glatten Golddraht aufgesteckte Perle, und am Scheitelpunkt der äußeren Biegung hängt ein Goldzylinder, der mit vier vertikalen Reihen aus je drei Perlen verziert ist. Neben den Spitzen des Halbmondes (Lunula) befinden sich zwei Perlen in einer Fassung aus zwei Perldrahtringen, die durch dicke, freistehende Goldkugeln miteinander verbunden sind. Die zwei Anhänger an den Ecken der untersten Querkette enthalten eine antike, plastisch herausgearbeitete Frauen- beziehungsweise Silensmaske (Taf. 14,2). Durch Hitzeeinwirkung im Zweiten Weltkrieg sind alle Perlen sowie einige Edelsteine vernichtet worden.

Literatur: E. Bassermann-Jordan, Der Schmuck (1909) 74 Abb. 86. – O. von Falke, Der Mainzer Goldschmuck der Kaiserin Gisela (1913) 6ff. Taf. 3 Abb. 9. – H. Decker-Hauff, Die »Reichskrone«, angefertigt für Kaiser Otto I. In: P. E. Schramm, Herrschaftszeichen und Staatssymbolik 2 (1955) 592f. – E. Steingräber, Alter Schmuck (1956) 23 Abb. 8. – P. E. Schramm u. F. Mütherich, Denkmale der deutschen Könige und Kaiser (1962) Nr. 144 Taf. 369–370. – K. Flügel-Lindenlaub, Der Mainzer Goldschmuck, genannt »Giselaschmuck«. In: Metall im Kunsthandwerk. Kat. Berlin (1967) 61f. – G. Gruschke-Eichendorff, Die Restaurierung des Gisela-Schmuckes. Neue Museumskunde 13, 1970, 125 Abb. 2. – G. Schade, Deutsche Goldschmiedekunst (1974) 63ff. Taf. 10–11. – K. Flügel, Einige Bemerkungen zum sogenannten »Giselaschmuck«. Forschungen und Berichte Staatl. Museen Berlin 23, 1983, 12ff. Taf. 1. – Dies., Schatzkunst des Mittelalters (1985) 7 Titelbild.

Datierung: zweites Drittel des 11. Jahrhunderts.

FOTONACHWEIS

Athen, Nationalmuseum Abb. 5,1
Bamberg, Staatsbibliothek Abb. 48–49, Taf. 6,1
Berlin-Köpenick, Kunstgewerbemuseum Abb. 33; 60
Braunschweig, Herzog Anton-Ulrich Museum Abb. 71
Bremen, H. Scheidulin Abb. 70
Budapest, Hung. Art foundation Abb. 78
Budapest, Ungarisches Nationalmuseum Abb. 87
Cambridge, Corpus Christi College Abb.51
Cleveland, Cleveland Museum of Art Taf. 3,2
Darmstadt, Hessisches Landesmuseum Taf. 5
Hamburg, Museum für Kunst und Gewerbe Abb. 14
Heidelberg, Universitätsbibliothek Taf. 6,2
Hildesheim, Diözesanmuseum und Foto Engelhardt Taf. 2,2
Köln, Rheinisches Bildarchiv Abb. 12; 82
Kopenhagen, Nationalmuseum Abb. 46–47
London, Courtesy of the Trustees of the British Museum Abb.15; 22 Taf. 4,1
London, Victoria and Albert Museum Abb. 36
Madrid, Patrimonio Nacional Taf. 2,4; 3,1
Mainz, Landesmuseum Abb. 32; Taf. 9,1
Mainz, Römisch-Germanisches Zentralmuseum Abb. 2,1; 4; 6,1; 17–18; 23; 26–27; 34–35; 38; 40; 53; 64; 66; 69; 72; 75; 80–81; Taf. 1; 4,2; 7–8; 9,2; 10–14
Manchester, The John Rylands Library Abb. 52
München, Bayerisches Nationalmuseum Taf. 7,1
München, Bayerische Verwaltung der Staatl. Schlösser, Gärten und Seen Abb.21
New York, The Metropolitan Museum Abb. 16
Osnabrück, Foto Strenger Abb. 42
Paris, Caisse nationale des Monuments Historiques et des Sites Abb. 7,2
Paris, Bibliothèque Nationale Abb. 24
Pforzheim, Schmuckmuseum Abb. 57
Preslav, Archäologisches Museum Abb. 5,2–3; 39; 76
Stockholm, Riksantikvarieämbetet och Statens Historiska Museer Abb. 8,1; 25; 43
Ulm, Ulmer Museum Abb. 59
Uppsala, Universitätsbibliothek Abb. 2,3
Wien, Kunsthistorisches Museum Abb. 55; 85
Folgende Abbildungen wurden dem Buch von O. von Falke, Der Mainzer Goldschmuck der Kaiserin Gisela (1913) entnommen: Abb. 2; 10; 20; 54; 62; 75; 79; 83–84